ウエカツの

目からウロコの魚料理

上田勝彦

東京書籍

まえがき

ここ数年、魚料理を教えてほしいという人が増えているように感じています。かつては自分の母親やおばあさん、近所の魚屋さんなどから教わっていたけれど、そのような人が少なくなってきたからということもありましょうし、いろいろ健康に害をなす食べ物がはびこっている今の生活の中で、体によさそうな新鮮な魚、その味に目覚める人が出てきたのかもしれません。いずれにせよ、街には輸入の肉や小麦や添加物を使った加工品があふれ、和洋中なんでも揃う今の日本の食事情の中で、「魚離れ」などと言われながらも、あらためて、魚って面白そうだと関心を寄せ、おいしく食べる方法を知りたいと思う人々が、少しずつではありますが増えているのは事実のようです。とはいえ2014年現在、日本の魚消費量はここ10年間でガタ落ちで横ばい状態。もう間に合わないかもしれない。幼いころから魚とその味の魅力にとりつかれ、その輝きを広く伝えたいと願っている当方とすれば、希望と絶望が入り混じっている昨今なのであります。

魚料理はカンタンですよ！と言うのはカンタンだけれど、野菜や他の肉類に比べてしまうと、とても言い切れるものではありません。そもそも動物を一匹丸ごと持ってきて、獲ってきたままの姿からバラして切り分けて料理して食べるなんてことは、どう考えたって簡単なわけないんです。しかし一方、魚料理は、難しいけれど、楽しくて、おいしくて、ためになる。これもまた真実であります。そう。だからこんな本ができるんです。魚料理のハードル、下げてみせます。でも下げ過ぎはしません。と言いますのは、なんでも簡単なもの、楽に手に入る安いもの、わかりやすくてすぐにおいしいもの。今のご時世、多くの人がこんなものを求めがちではありますが、そうなってしまっては、達成する楽しさや、喜びや、作り手や食べ手の人のつながりが消えてしまいますから。

この本がめざしたのは、今日のオカズを作るときに急いで何かを調べる、いわゆる「レシピ本」ではありません。そういう本は、既にたくさん出てますからね。では、この本

の役どころは何かといえば、「魚の料理を“しくみ”でとらえてもらうための学習・実践ガイド」であります。小難しいことを言うようですけれど、料理は、レシピに合わせて作るからおいしいのではなく、素材と調味料をちゃんと組み合わせることができたとき、結果としておいしくなるのです。そもそも食材というものは、冷静に考えますれば自然界の一部ですから、料理のしくみを理解するためには、それらの特性と役割を知らんといけないでしょう。また、１レシピで１料理を作っていたのでは、広大な魚味の世界を味わい尽くすまでに一生や二生では追いつかない。ひとつの料理の中から複数のしくみを学ぶことによって、どんどん自分で進化して、それぞれが自由にたくさんのおいしい魚料理を生み出すことができるようになる。と、そんな効果を期待しております。自然界相手のことですから、お約束（法則）はあるけれど、暗記することはあまりありません。料理は、実践するうちに「芋づる式」に増えていくものです。

魚のおもしろさやおいしさを楽しく読みたい方は、第１章と４章を。魚料理の基本を覚えたい方は第２章と３章を。魚料理がおもしろくなってきて、もっといろんな季節の魚で料理を楽しみたい方は第５章を、気軽に繰り返し読んでいただければよいと思います。そしてこの本には、もうひとつの仕掛けがあるんです。１回目、２回目と読み進むたびに、前回には気づかなかった、思わぬお宝やヒントが見えてくるはず。それに気づいたとき、それがアナタの進化の証でもあるのです。さて。書き終わって振り返ってみると、いろいろ足らないところもあって心残りではありますが、とりあえず第１弾、この本をもってみなさまを、広くて深い、魚料理の世界へご招待いたします。めくるめく魚味の大海原へ、いざ。

上田勝彦

もくじ

まえがき …………… 2

第1章 サカナ道入門 …………… 7

魚的ヨロコビ　奇跡のニッポン …………… 8
“何を選んで食べるか”は“国”のゆくえを決める大切なこと …………… 10
魚を食わぬはモッタイナイ …………… 12
手早く・おいしく・いのちを学ぶ「サカナ道」は“お得道” …………… 14
【サカナ道の心得その１】「魚に貴賤なし」 …………… 16
【サカナ道の心得その２】「魚を見る前に人を見よ」 …………… 18
【サカナ道の心得その３】「市場に、漁港に、出かけてみよう」 …………… 20

第2章 魚料理は下処理で決まる！ …………… 21

ウエカツ式　基本５つ道具の選び方と便利グッズ …………… 22
我流はダメよ　料理のための基本姿勢 …………… 24
「切る」にもいろいろありまして　包丁を味方につける握り方 …………… 25
生臭さの原因に３つあり　魚の「生臭み」にサヨナラ …………… 26
保存性を高める　下処理とさばき方の要点 …………… 28
目からウロコの　小アジのスピード処理 …………… 32
簡単！ イワシの手開き …………… 33

【コラム１】和洋中の“しくみ”を知る …………… 34

第3章 魚がおいしい５つのしくみ …………… 35

調味料のしくみ　調味とはなにか …………… 36
合理性と味わい　「生」ということ …………… 38
しくみと効果　「焼く」とはなにか …………… 40
しくみと効果　「煮る」とはなにか …………… 42
しくみと効果　「揚げる」とはなにか …………… 44
しくみと効果　「蒸す」とはなにか …………… 46

【コラム２】塩使い、酒使い …………… 48

第4章 魚の個性いろいろ …………… 49

マグロの体を味わいつくす …………… 50
クロマグロ　天下無双の赤身の王者 …………… 52
ミナミマグロ　もどかしい味の中に強い個性あり …………… 53
メバチ　マグロらしからぬメバチ味とは？ …………… 54
マ·イワシ　食卓と生態系を支える“海の米” …………… 55
サワラ　焼いて冷めても硬くならぬ、噛み締める味の奥深さ …………… 56
スルメイカ　旅するスルメはイカ惣菜の王様 …………… 57
ゴマサバ　値段・旨み・ボリューム感など総合得点ナンバー1 …………… 58
マダコ　タコの加熱味、三変化を誰や知る …………… 59
スズキ　すがすがしきは、夏の白身の青白さよ …………… 60
イサキ　初夏の磯の香り、皮と脂にあり …………… 61
マアジ　味のよさで暮らしにとけこむ家庭の魚 …………… 62
ブラックタイガー　エビっ食いの日本人の食卓の定番 …………… 63
シロザケ　ニッポンの山・川・海が作る恵みの魚 …………… 64
サンマ　戦後日本を支えた哀愁の旨し魚 …………… 65
アサリ　ありがたき身近な栄養、縄文時代から浜にあり …………… 66
スケトウダラ　火の通り方で二段階に変化する味わい …………… 67
ブリ　酸味の中に旨みあり、養殖の歴史も長い …………… 68
マコガレイ　滋養に満ちた白身は昔も今も体にやさしい …………… 69
マガキ　魅惑たっぷり味と効能、これぞ海からの贈り物 …………… 70

第5章 春夏秋冬、この魚のこの逸品 …………… 71

春　File1　塩イワシ …………… 72
File2　ホウボウの湯引き和え …………… 73
File3　サクラエビの姿炒り …………… 74
File4　メバルの沖縄流塩煮 …………… 76
File5　シラスの菜っ葉炒り …………… 77
File6　サワラの炊かず飯 …………… 78
File7　シャコそうめん …………… 79
File8　イカ納豆 …………… 80
File9　カツオのつかんまぜ …………… 81
File10　カサゴの味噌汁 …………… 82

夏　File11　タチウオの酒塩干し …………… 83
File12　ゴマサバの棒タツタ揚げ …………… 84
File13　とろっと甘い、と、しゃっきり香ばしい　ゆでダコ2種 …………… 86
File14　スズキの正統カルパッチョ …………… 87

File15　イサキの焼き切り …………… 88
File16　アジの房総流４段活用① たたき …………… 90
File17　アジの房総流４段活用② なめろう …………… 91
File18　アジの房総流４段活用③ 山家焼き …………… 92
File19　アジの房総流４段活用④ 水なます …………… 93
File20　ケンサキイカの煮和えなます …………… 94
File21　ホヤ丼 …………… 95

秋　File22　タイのかぶと焼き …………… 96
File23　エビの大黒煮 …………… 97
File24　エビのニンニク炒め …………… 98
File25　サケのちゃんちゃ焼き …………… 99
File26　蒸し器のいらない野菜蒸し …………… 100
File27　サバすき …………… 101
File28　棒サンマ …………… 102
File29　アサリの“ほうかし” …………… 104
File30　アサリのチヂミ …………… 105

冬　File31　ホタテ貝のバラし焼き …………… 106
File32　チダイの酢〆 …………… 108
File33　ワカサギの唐揚げ …………… 109
File34　マダラの湯煮　和・洋・中 …………… 110
File35　メカジキのコクうま中華焼 …………… 112
File36　ヒラメのコブ締め …………… 113
File37　ブリの長崎流塩煮 …………… 114
File38　カレイのスピード煮つけ …………… 115
File39　茶ぶりナマコ飯 …………… 116
File40　アンコウのどぶ汁 …………… 117
File41　カキの野菜蒸し …………… 118

マグロの可能性を探る …………… 120
File42　塩マグロの和・洋・中 …………… 121
File43　マグロのすまし汁 …………… 122
File44　マグロの天ぷら …………… 123

魚とフルーツとの相性を楽しむ …………… 124
File45　リンゴと〆サバのカナッペ …………… 125
File46　マグロとマーマレードのサンドイッチ …………… 126
File47　イワシのパン粉焼き …………… 127

1章 サカナ道入門

サカナってわからない。
でも、わかりはじめたら、こんなに面白い世界はない。
味も、季節も、獲れる場所も、体のつくりも。
わからないようだけれど、
ひとたびわかりはじめたら芋づる式に楽しくおいしくなる。
それがニッポンのサカナ道。

魚的ヨロコビ
奇跡のニッポン

**季節に合った食材が育ち、さまざまな漁場もある。
こんな恵まれた国で、魚を食べなきゃもったいない。**

©chrupka/Shutterstock.com

まずは世界地図を広げ、逆さまにして見ていただきたい。こうして見ると、日本という国は意外と目立たないんですね。大陸の一部にあるちょいとした島の連なり、これが日本の姿です。その島々と大陸で囲まれている溜め池のような海が「日本海」。外側が「太平洋」。はい、では地図を元にひっくり返して。

ちょいと勉強いたしますと、われらの“島国ニッポン”の面積は世界で62位と小さい国。この大きさは大国ロシアの45分の１。ところが海岸線の長さとなると世界６位にのし上がり、これはオーストラリアやアメリカよりも長いってんだからオドロキ。漁業をできる海の面積を「排他的経済水域」と言うけれど、これも世界6位でカナダやロシアと並んでいる。おまけに、抱える島の数たるや、なんと6852個。これはスゴイですねえ。その島々へめがけて、栄養は少ないけれど暖かい「黒潮」が南から、冷たいけれど栄養たっぷりの「親潮」が北から、流れ、ぶつかり、渦巻き、駆け抜けて、大小様々な漁場を作っている。その中には世界三大漁場と言われる「金華山沖(三陸・常磐沖)」もある。このように豊かな海に恵まれた国が生まれたということ自体、まさに天の采配、この世の奇跡ではないかと、僕は思う。

ニッポンは東西南北に広く、メリハリよろしくはっきりとした四季があり、地域ごとで季節に合った食材が育っている。いわゆる「旬」という言葉、これは辞典でひくと「いちばんよい時期」ということだが、まさにこの気候風土から生まれた言葉に違いなかろうと思う。海や川の魚には養殖もあるけれど、やはり天然が主流。人間が自然界の“育てるしくみ”を壊さない限り、毎年ちゃんと魚を育ててくれる恵みの構図は、四季折々、全国各地に見ることができる。

日本に棲んでいる魚の種類は約4500種。うち市場に流通する食べられる魚が約300種。これにイカ・タコ・エビ・カニ・海藻などを含めると500種ほど。さらにだ。たとえば同じ魚でも、地域が違い、漁場が違い、季節やサイズが違うとなれば、順列組合せの結果、その味の数は星の数ほど。これをどうやって味わうかを考えるだけでも、あまりのヨロコビに気が遠くなるじゃありませんか。魚的に見れば途方もなく恵まれた国に住んでいて、そりゃあ魚を食べないなんてモッタイナイ、ということになるわけですよ。

岩手県北山崎の風景。リアス式海岸が続く三陸の漁場は、黒潮と親潮がぶつかる好漁場となっている

“何を選んで食べるか”は“国”のゆくえを決める大切なこと

肉の消費が魚を追い抜いて久しい。
「魚離れ」はわたしたちにこれからどんな影響を及ぼすのだろうか。

自然界のしくみは、どこかで何かが減れば、ほかで何かが増えている。つまり地球上での総量はあまり変わらない。資源が減って問題だ、という現象と理屈もわかるけど、それは欲しいものだけを欲しがる人間のエゴの裏返し。言葉だけきれいにしてみても、結局は自分の欲求本位の経済原理で自然界を見ているに過ぎない。つまり、欲しいものが欲しいのであって、いらないものはいらない、と言っているだけだ。

この考え方に比べると、そもそも古くから日本は、シラスからクジラまで、「できるもの・獲れるものを食べてきた民族」だ。好きなものばかりを選んで食べてきたわけではなくて、その場所、季節にあるものをすべて、大なり小なり工夫をしながら、おいしくなるようにとり合わせて食べてきた。減ってきたものは大切に食

銚子漁港の夜明けの水揚げ。漁師は海の恵みである魚を、体を張って届けてくれる
©モーリー／PIXTA

べ、増えているものはおおいに食べる哲学だ。このことは日本の食事、すなわち和食の食材や調味料の使い方の緻密さと豊富さを見ても明らかで、現状はさておき原点は、「我が食は自然界と共にあり」のお国柄と言えよう。

今、その最たる恵みである魚を、日本人があまり食べなくなってきている現象が起こっている。これを「魚離れ」と呼んでおり、いまや肉の消費が魚の消費を追い抜いて、魚の消費量は底を打って横ばい、というのであるが、いかがですか、みなさん。この１か月くらいで、何回、何種類の魚を食べたか、思い出せますか？　足元にあるたくさんの恵みをほったらかしにして、より安くて好みに合った食べ物を金で買って輸入している今の日本の姿を、みなさんはどうご覧になるのでしょうか。ホントにだらしない国になっちまいましたね。

おわかりになりますでしょうか。食は国なり。わたしたちが日々・毎回の食事で、何を選んでどう食べるか、ということは、実は国家のゆくえに関わる大事なのであります。僕は、島国に生きる日本人が魚を食べなくなっていくことが、自立できない国になっていくようですごく不安ですが、一方、ようく観察してみると、子供もオトナも実は好きなんですねえサカナが。魚料理店、繁盛してます。あとは、おうちで魚料理ができるようになったなら、すばらしく豊かなニッポンの暮らしを取り戻せますよ、きっと。ここに希望があるのです。ぜひとも国産の魚を選んで、手にとって食べてやってください。

魚を食わぬはモッタイナイ

無理に魚は食うこたない。
でも、素朴にシンプルにおいしく食べられる方法はいくらでもあるんです。

とはいえアンタ、魚を食えって言われてもねえ、と主婦の方にお叱りを受けることも多々あり。だってねえアンタ、サカナってば、臭いし、ゴミが出るし、だいいち料理もメンドクサイし、共働きで料理に時間なんてかけてらんないわよ、肉にいっちゃうわよ、とおっしゃる。ごもっとも、わからんでもない。

たとえば夏の暑い日に、箱買いしてきた魚を

大量に処理する、なんてのは苦行みたいなものだし、仕事から帰宅して、スーパーで１匹まるごと魚を買ってきて夜に処理して、明日は生ゴミの日じゃないことに気づき、ああ、豚コマ買って野菜炒めでもしときゃよかったかな、と思うこともある。だから、この本と矛盾するようだけれど、無理にサカナを食うこたあない。疲れた体が肉を欲しがる時だってあろう。

目指す調理時間は５～10分。魚で感動するヨロコビをこの本で体験してくださいな

それでは、なんでサカナか、といえば、島国が魚を食わなくなることの怖さもさることながら、せっかく魚はおいしいのに、簡単においしくする方法があるのに、それを知らないだけで敬遠されちまうのがモッタイナイ、って言ってるンです。

ゴミが出る問題については、昔ながらの魚屋が減った現実のかたわら、下処理してくれるスーパーが増えている事実もありますから、ゴミ処理と下ごしらえは店に任せれば問題なし。あとの課題をクリアすれば、簡単に魚はおいしく食べられる。カッコいい教科書通りのレシピでやろうとするからメンドウなのであって、素朴にシンプルにおいしく魚を味わえる料理など、実はいくらでもある。めざす調理時間は５分だ。主婦の皆さんが料理に対して求めるもの。それは、①時短、②おいしさ、③栄養バランス、④財布にやさしいこと、の４点。これらを魚で満たすべく、この本はできたのだ。

これによって、買ってきてレンジでチンするだけの、作り手と食べ手の関係が希薄な寂しい食生活とはおさらばできて、おいしい魚で家族も円満。そして、これを機会にゼヒとも一歩前に進んでみてほしい。チンするだけなら食べる、魚は全部そうしてちょうだい、ってんじゃなくて、一切れの刺身、一皿の魚料理に感動するヨロコビこそ、ぜひ体験していただきたい。ちょっと学べばおもしろくて家族にもよろこばれる世界が待ってるのに、手をつけないってんじゃ、これまたまことにモッタイナイでしょ、と申し上げる次第。

手早く・おいしく・いのちを学ぶ「サカナ道」は“お得道”

魚について知れば知るほど安くて旨いものにありつける。
食育にだってもってこいの材料なんだ。

「魚は高い」という声を時々聞きます。魚はほんとうに高いのかどうか。一般的に、畜肉にはほとんど天然がない。完全に養殖するシステムの中で育てられ、殺すのも、解体するのも、切り分けるのも、機械化されているからこそ、安くできる。つまり魚が高いではなくて、畜肉が安すぎるのだ。対して魚はどうか。畜肉と同じように養殖もあるが、完全にシステム化はされていないし天然も多い。同じ魚種で比べると養殖は安くて天然は高い。しかし同時に、養殖は自然界のエサを食っている天然の旨さにはなかなか及ばない。安けりゃいいで量をとるか、高くてもいいで質をとるか。これは自分の食に対する価値の置き方、心の豊かさと家族の健康との相談となる。

最近は「食育」という言葉が流行っていて、その内容を見ると、わたしたちの食べ物はどこから来たか、どのように誰によって食べられるようになっているか、食べ物はすべていのちです、といった具合に、動物たる人間と食べ物との関係性に焦点を当てている。たとえば学校で鶏1羽を育てて殺して食べるといった授業もある。当節は、金さえ払えば何でも使いやすいかたちで食べられる時代の中で、いのちを奪って生きているという意識がなくなりつつある風潮にあり、つまり食育は、その気になればいくらでも略奪できる人間の、「大切に感謝して食べる」という貴重な心を養う上でも重要な教育ですというわけだ。

そこで魚の果たせる役割は何か。たとえばだ。いのちを学ぶとはいえ、仮に40センチくらいの殺した牛１頭と、同じくらいのサバ１匹と、まな板に乗せるとしたらどっちがいい？　小さければ牛でも自分でさばきますか？　いのちはわかるとは思うけど、ゴミ、出るでしょうねえ。たいへん手間もかかるでしょう。突き詰めれば、そういうことなんです。牛１頭、鶏１羽は、家庭ではゴミも手間もどうにもならんので工場や店がやる。魚は、体の構造が簡単で、自分の手でやれるし、隅々まで使うことができるから無駄がない。

サバの一尾もあれば、和え物、焼き物、汁物、飯とフルコース。しかも食育上もたいへんよろしい。ということになってくると、これらすべてひっくるめて、高いと計算するか、安いと計算するか、それはアナタ次第であります。安けりゃそれでいいという傾向にはあるけれど、食材というものは、知れば知るほど安くて旨いも

ヒラマサ1尾解体しただけで、
これだけの部位に分けられる。
これらの食材が、あなた次第で
さまざまな料理に生まれ変わる

のにありつけるようになっていて、たとえば魚には年に２回の旬があって、安くてそこそこおいしい時期と、ちょっと高いけどすごくおいしい時期があるなんてことを知ってしまえば、賢く買って使い分けができるというもの。つまり、それがわれわれにとっての魚といういのちの存在であります。

以下、おいしい魚に出会うためのガイドとして、「サカナ道の心得」について述べてみよう。

サカナ道の心得 その1

「魚に貴賤なし」

たいていのスーパーに並ぶのは、決まった魚ばかり。
でも、多種多様な日本の魚の個性をぜひ、楽しんでほしい。

魚は知るほどに安くて旨いとは言うけれど、そもそも魚の「姿」と「味」と「料理」が一致しなけりゃ買いようもないですね。つまり、経験したことのないもの、すなわち知らないものは、食べる対象にも買う対象にも入らないというのは自明の理。たしかに、皆さんの意見を聞き、かつ世の中の魚食的情勢を眺めると、そのようにできている。

冒頭で、日本の食べられる魚は約300種と申し上げたが、その中のどれくらいを、たとえば都会では食べているのであろうか。マグロ、イカ、エビ、塩ザケに魚卵、干物、サンマ、アジ、サバ、イワシ等、これに季節ものを入れても十数種類がいいとこか。スーパーにもいろいろあって、最近は、地域の魚を並べてくれる良心的な店も増えてきたけれど、たいていは、冷凍できて、保存がきいて、在庫の管理が容易なものが中心だ。さてそのワケは、①魚は水の中に棲んでいるがゆえに身近ではない、②身近ではないゆえに店頭に人が立って説明して売らねばならない、③しかし人件費をかけたくないのでパックで並べておくが、知名度が低い魚は残って鮮度が落ちてしまう、④結果として知名度の高い刺身パックと冷凍ものと塩乾物が並び、いよいよ魚は偏って食べられることとなる、という顛末(てんまつ)だ。結局この循環が、サカナの味の世界を狭くしてしまっていることは残念至極。イワシだろうがタイだろうが、魚に貴賤なし。何百もある味の個性を楽しんでこその醍醐味なのだ。

コチ、アンコウ、ヒラマサ……スーパーではあんまり見かけないでしょ？　でも、そんな魚を自由にお得に楽しむのが「サカナ道」であります。

サカナ道の心得 その2

「魚を見る前に人を見よ」

「目利き」についてよく聞かれる。おすすめは、よい魚屋を見つけること。そんな魚屋さんは、たのしく・おいしく・ためになる。

よく魚の目利き（質の良い魚の選別眼）を教えてくださいと言われるが、ベテランの魚屋であっても、たえず平素からよく見て食べて、勉強しながら魚のことを覚えていくものだ。目利きは一日にしてならず。魚はあまりにも種類が多いので、ちょっと勉強したくらいでは追いつかない。そこでおすすめするのが、よい魚屋とつきあうこと。独学するよりも早く、魚の核心に近づくことができる。

では、よい魚屋とはどのようなものか。週に１回でもいい、離れて立って、じっと魚屋の声に耳を傾けてみてほしい。その魚屋は、活気がありますか？　魚や料理の知識がありますか？　買わないお客さんにも丁寧に対応していますか？　昨日の魚をオマケと称して押し付けていませんか？　といったことを見極めよう。魚屋にどのような魚がどのように並べられるか、それは魚屋の人格そのものといってよい。そこのところを見て、まず魚よりも魚屋を選んでほしいのだ。

魚屋は身に染みて魚の食材としての性質をわかっている。水にすむ生き物だけに、鮮度を保つのがむずかしい、ほかの肉とは料理方法も違ってくる。買って帰ったら家での保存法はどうするのかまで伝えないと商売していけない。だから、多くの魚屋さんは威勢がいい。なぜならば、元気に伝えないと売れないから。身近でないものは、伝えなくては買ってもらえないし、食べてもらえない。結局そうしてお客を育てつつ売るのがよい魚屋です。魚屋は、たのしく・おいしく・ためになる。

子供たちに語りかける魚屋の主人。お客さんを育てるのも、大切な仕事なんです

サカナ道の心得 その3

「市場に、漁港に、出かけてみよう」

知られていなくても、すばらしくおいしい魚はたくさんある。
市場や漁港に出かけてそんな魚を探すのも、楽しい旅になるはずだ。

そうして魚屋を通じて魚に慣れてきたら、もっといろんな魚屋をまわってみるとおもしろい。魚を売るにも、いろんなタイプの人がいる。どんな内容をどんな言葉に乗せて投げかけているかを観察しながら、一生のつき合いができる魚屋を見つけよう。そして、さらに慣れてきたならば、自分で市場に足を運んでみるといい。そこには、魚屋には並ばない、もっと安くておいしい魚が山ほどころがっている。知るほどに安くて旨い魚ではあるけれど、上等な魚しか知らないのでは面白くない。市場にあがっている大衆魚や雑魚、二束三文で売られているものは、数がまとまらなかったり、鮮度を保つのがむずかしかったりした魚たちだ。

一般的に知られていない魚にはすばらしくおいしい魚はたくさんある。種類の数だけ味がある。そのためにも、食材としての性質を知ることが必要で、そうすれば、それにあった料理法も浮かんでくる。そしてアナタは、それらの魚のすばらしさを知るほどに、なぜこうした魚が一般的に売られていないのか、不思議に思うことだろう。それがこの本では語り尽くせない、あらたなるサカナ道の深淵への足掛かりとなる。

仕事に趣味に、時間の過ごし方はいろいろだが、いずれにせよ腹が減ってはイクサができぬ。何かしら食って暮らしておるわけで、たまには自分が食べている物を振り返ってみてはどうだろうか？　たとえばその魚が、どこから来て、どんな人の手によって、今ここにあるのかを探訪しに出かけてみるのもいい。足で歩くほどに、アナタはさらなる魚的美味とそれを支える人々に出会うだろう。そして家に帰ってから、手に入れた魚を教わってきた料理で試し味わう。それは魚と人の顔が重なる楽しい旅なのだ。

魚市場は毎日が探検だ

©ララ／PIXTA

2 章

魚料理は下処理で決まる！

サカナは生臭いと言うけれど、本当はちがう。
比べてみれば、あらゆる肉の中で
いちばん臭みがないのが魚肉である。

ウエカツ式

基本5つ道具の選び方と便利グッズ

ここでは、調理をスムーズにし、魚の臭みを取り去る基本道具とその選び方、あると便利な小物を紹介する。

包丁

両刃の出刃で決まり

世の中にはいろいろな包丁があるけれど、普通の家じゃ何本も持てない。そこで、一本で使いまわしが利く両刃(両面から研いである)の出刃包丁を勧めたい。刃物屋で3000円～5000円出せば買える。肉も野菜も切ることを考えると、魚専用の片刃よりも、刃がまっすぐ入る両刃がいい。ポイントは、刃の厚さは中くらいで、重すぎないものを選ぶことと、刃渡りを手のサイズに合わせること。ゲンコツ2つ分の長さ、これが一番使いやすい。

まな板

魚の臭みはまな板次第

木製、樹脂製といろいろあるが、それぞれ問題がある。スギ・ヒノキは傷つきやすく、雑菌がすみつくのでよろしくない。一方、樹脂製は堅いので刃先を傷めるという欠点がある。そこでお勧めはゴム製。アサヒゴム株式会社の「アサヒクッキンカット」を勧めたい。ゴムだと刃を傷めない上に、傷つきにくいので。買うときは、使う場所を思い浮かべてサイズを決める。まな板は、毎回ステンウールでこすりながら冷たい流水で洗い、立てかけて乾燥させる。まな板が臭いとおいしい魚料理はできないから要注意だ。

吸水布

臭い取りには必須

魚の生臭みのほとんどは水分に溶け込んでいる。その水分を速やかに、しっかり取るために必要なのがこの吸水布。ホームセンターの自動車コーナーで売っているものがお勧めだ。キッチンペーパーでも水分は取れるけれど、たくさん使うからもったいない。その点、吸水布なら繰り返し使えるから経済的だよ。

ステンウール

粘液や細かいウロコを落とす

市販のコゲ落としだ。臭いのもとになる雑菌は魚の表面で増える。それを落とすのがステンウール。普通のタワシよりもよく落ちるし、ステンレスのイオン効果で臭み成分を分解してくれる。また、ヒラメ・カレイ・ブリなんかの細かいウロコもひとなでするだけで落とすことができる。

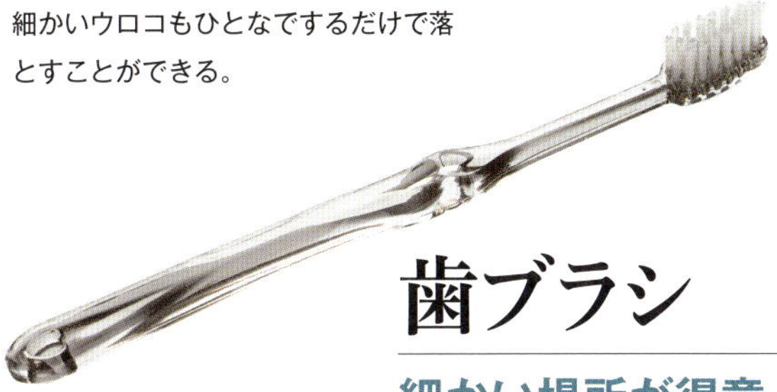

歯ブラシ

細かい場所が得意

細かい場所の粘液や血を洗い落とす。特に腹の中の血を落とすならコイツの独壇場になる。硬めを選ぶといい。

あると便利！持っておきたい小物たち

砥石（といし）

正確には「合わせ砥石」という。刀剣屋の砥石みたいに研ぐというよりも、毎回の使用前に刃先の調子を顕微鏡レベルで整える。30°くらいの角度をつけて、刃の両側をなでればOK。

ウロコ取り

包丁でもウロコは取れるけれど、効率よくやるならウロコ取りが欲しい。なお、ウロコ取りに関しては小さいものがよい。大きいものだと、ヒレ際など細かい場所には使いにくい。

キッチンペーパー

吸水布とは別に準備しよう。下処理した魚の腹の中に入れたり、三枚におろした身を包むなど、臭いのもとになる水分を取るため魚の保存には欠かせない。

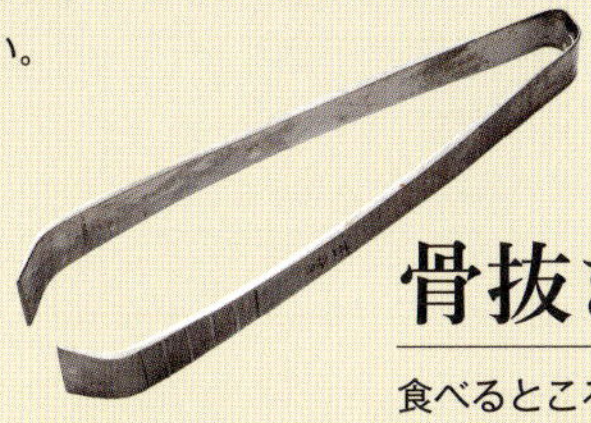

ラップ

処理した身が乾くのを防ぐために包んでおくのがひとつの役割。もうひとつの役割は、酸素に当てないことにより酸化を防ぐことだ。

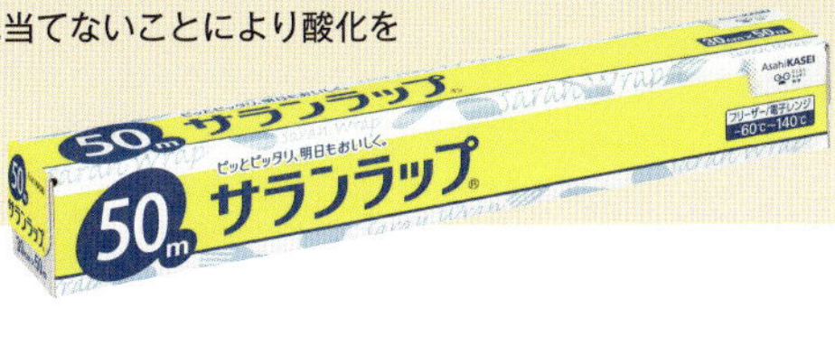

骨抜き

食べるところを減らさずに骨だけを取るために必要な、毛抜きを大きくしたようなもの。2000円くらいで買えるから、持っておきたい。

我流はダメよ

料理のための基本姿勢

料理は実は全身運動。
基本の姿勢ができてるだけで、毎回の包丁仕事がすごく楽になるよ。

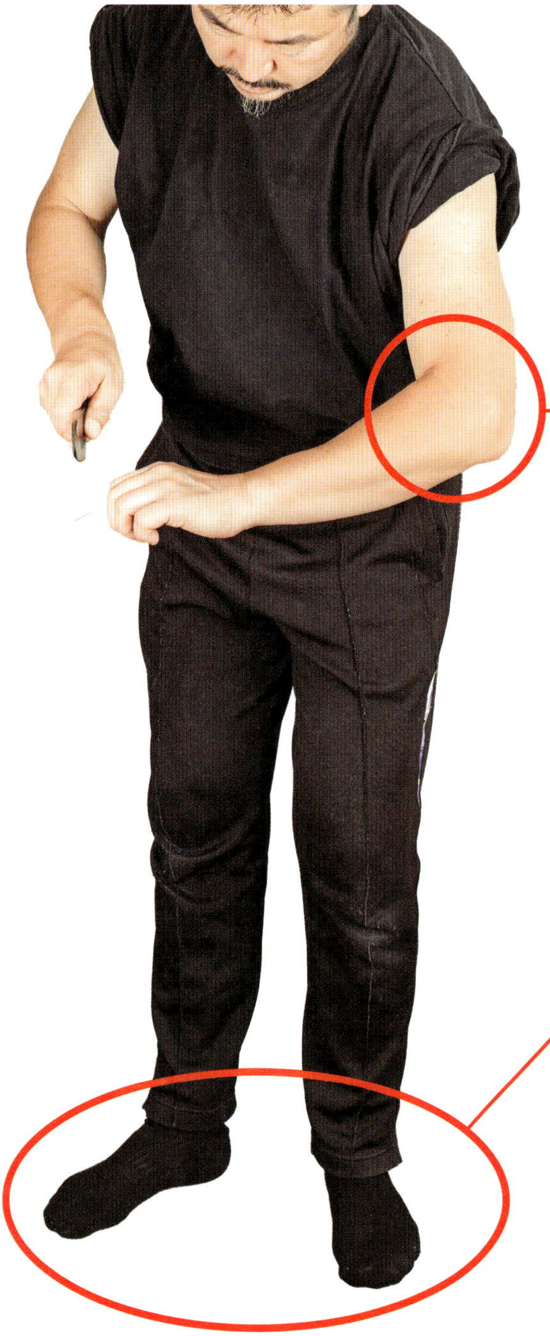

自由な上半身と、すわった腰

姿勢の基本は2つ。片肘をつくような体勢と、しっかりとすわった腰だ。そのためには、まな板に向かって真っすぐ立ち、利き腕、つまり包丁を握る手の側の足を45度外に開くこと。こうすると、利き腕が自由自在に動く。そして、猫背にならないよう心がければ腰が安定する。

ポイント1 肘をつくイメージで

実際にはつかないが、肘をつくイメージで姿勢をとることがポイントだ。こうすると、その腕は固定され、利き腕だけが動くから、手を切ることもなくなる。手を切るのは無駄に両手が動くからなんだね。

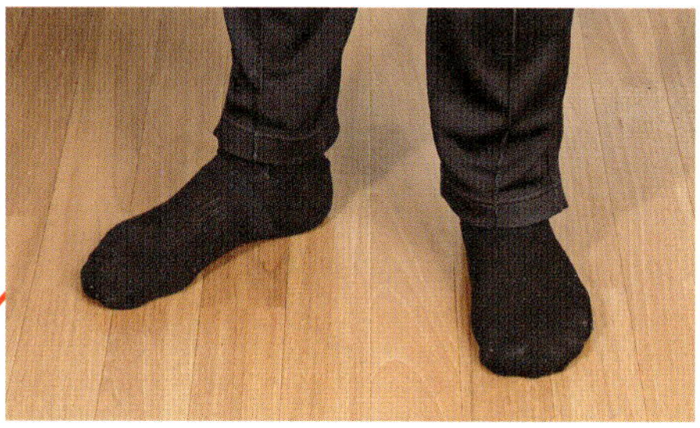

ポイント2 足を45度開く

利き腕の側の足を外に向かって開く。こうすることで、体がまな板に対して斜めになり、利き腕と肩が自由に動く。そして包丁はまな板に対して直角になるので、動かしやすくなる。

「切る」にもいろいろありまして

包丁を味方につける握り方

握り方ひとつで包丁使いは上達する。
ときには力強く、ときには繊細に操るための握り方を紹介する。

小指を締める

小指を締め、それ以外の４本の指は添えるだけ。これがすべての握りに共通する基本だ。５本の指でぎゅっと握ると肩がこるよ

①一般的な押さえ型

写真のように刃の根元に曲げた人差し指を添えることで安定する。もっとも基本的な握り方で、魚を切り身にしたり野菜を切るときもこの握り方でよい

②魚をおろすときの指差し型

魚をおろしたり、刺身を切るときには人差し指を背に当てる。理由は２つ。刃先が骨に当たったときの振動を指で感じるためと、刃先の角度調整がしやすいためだ

③硬い物を切る親指当て

①や②の握りで切れないような硬いもの、たとえば魚のアラや、カボチャなんかを切るときは、親指を当てると力が伝わりやすい

●包丁は大きく使う

包丁はゆったり大きく動かすのが基本。ちょこちょこ動かしていると、プロの世界では「ノコギリじゃないんだよ」と叱られる。失敗してもいいから大きく使うクセを付けよう。

生臭さの原因には3つあり

魚の「生臭み」にサヨナラ

魚料理の大敵である「生臭み」。
原因は3つに大別することができる。その対処方法とは？

魚は生臭いからキライ、という人は、子供よりも女性に多いようですな。たしかに魚は、釣り上げて生きている時から体表の粘液には独特の生臭みがあって、そのまま放っておけば、日ごとに腐敗臭に変わってゆくので始末が悪い。そればかりではない。切った刺身が新鮮なはずなのに喉越しが生臭い、塩焼きが生臭い、汁の湯気が生臭い等々、といったところをみると、生臭みにもいくつかの種類があるはずだ。

魚が持つ生臭みは、①水に溶けるもの、②脂に溶けるもの、③空気に溶けるもの、の３つ。中でも最たる原因は、①の水に溶ける臭み。魚やまな板や包丁に水分が付着したまま調理を進めれば、雑菌が増殖して臭みを生じるだけでなく、最悪の場合には中毒さえ起こしかねない。よって、料理の前段階で、きっちり臭みを除去できるような処理をほどこし、水分が残らないようにきっちり拭いてやることが肝心です。

３種の臭みに対する対処方法は、①取り除く、②隠す、③分解する、の３つのいずれかです。つまり、臭みの原因を切り取るのか、臭みの成分を分解するのか、臭みが感じられないように調味料等で隠してしまうのか、といったところ。もともと魚は、脊椎動物の中でも生活が水に属する生物で、冷静に肉だけを取り出してみれば、鶏や牛等と比べて最も臭みが少ないのです。原因さえ解決してやれば、生臭みとはサヨナラですよ。

生臭さの構造を理解することが、下処理の第一歩だ

生臭さはどこからくるのか

水　最大の敵、水分

スーパーで買った切り身は衛生的だと思ってる人が多いようだが、それは全くのカン違い。切ってからパックに詰められ長時間置かれれば、必然として雑菌は繁殖し、臭みを生じる。それをそのまま料理するのでスーパーの魚はまずいとなる。そこで、いったん水道の流水で3秒ほど手早く洗い、素早く吸水布で拭いておく習慣をつければよい。また、日本酒に含まれる有機酸によって成分を分解してやるのも有効である。

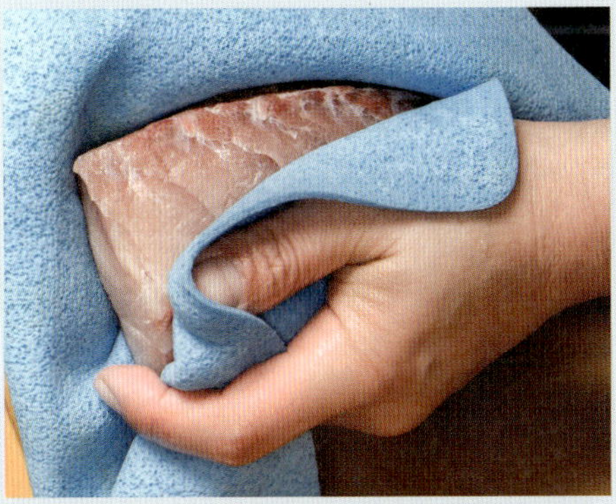

水に溶けた生臭さを取り除くことが、下処理では最も重要だ。こまめに水気を拭き取る癖をつけよう

脂　取り除きにくい脂溶性の臭い

たとえばメジナやアイゴ等海藻を食べる魚の脂の磯臭さ、あるいはイワシばかり食べさせたタイのイワシ臭さは、筋肉や皮との間等、脂があるところ隅々までその匂いがしみつくので厄介だ。これに対して腹の中の脂を流水とブラシでしっかり流し去ること、加熱処理をする際に、浮いてくる脂をすくってしまうこと、また、カツオのタタキのように表面を香ばしく焼くことによって、脂の臭みを隠してしまう方法などが有効である。

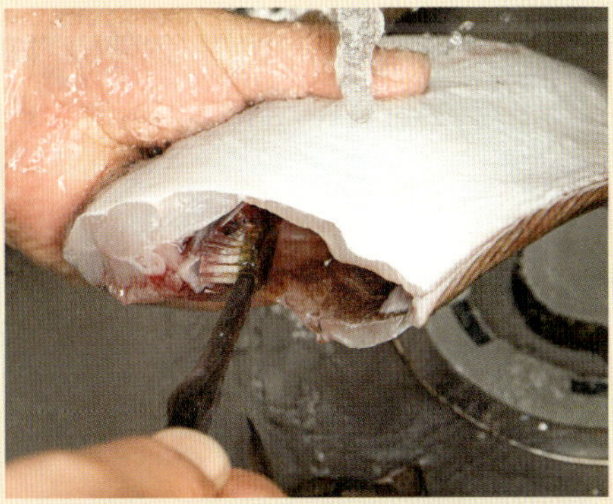

脂溶性の臭みは手ごわく、肉の脂に臭みがある場合は取り除くことが難しい。ブラシでこすり流そう

気　雑菌を繁殖させる空気

空気に溶ける臭みには2つあって、空気中の雑菌が付着・増殖して放つ臭み、そして加熱するときに空気中に出てくる臭みである。加熱中の臭みは、沸騰あるいは燃焼させて、飛ばしてしまえば軽減される場合が多い。一方、空気中の雑菌はキッチンペーパーやラップなどで空気を遮断したり、下処理作業中に、極力魚に触らないよう配慮することが有効。臭いが出たまま放っておくと、その臭いが他の魚にも移るので、速やかに処理するのが望ましい。

空気に触れると雑菌が繁殖し、新たな臭みの原因となるので、ラップなどで空気を断たなければいけない

保存性を高める

下処理とさばき方の要点

魚から臭みを取り除き、調理できる状態にする下処理。
おいしい魚料理にたどり着くための最も大切な作業だ。

魚の臭みについて理解したところで、いよいよ実践に入っていきましょう。さて、たとえばアナタはスーパーで買ってきた切り身を、そのまま刺身にしたり料理したりしてはいませんか？　水気や臭いのついたまな板や包丁を使ってはいないだろうか。既に説明したとおり、魚肉は切られた時点から生臭みの原因たる菌が増えつつあるので、買ってきたら流水で3秒ほどすばやく洗い、すばやく拭く。そしてキッチンペーパーとラップで包んで冷蔵庫のチルドへ入れておけば、3日は計画的に使えるのである。調理にあたっては、まな板は水道水をかけながらステンウールで擦り洗い、包丁はスポンジで洗って拭いておけば、これだけでずいぶんちがう。切り身を塩水で洗えと書いた教科書もあるが、塩分を好む雑菌もいるので感心しない。要すれば、①真水の流水で、②スバヤク、③洗って拭く、というところがポイントだ。

一匹の魚であれば、①口の中からエラ、②喉から肛門までの内臓、③ウロコやヒレと体表の粘液、④腹の背骨沿いに溜まった血液、の順に雑菌が多いので、これらをきっちり取り除く、といった観点で下処理を進めればよい。

総じて「除去するまではきっちり流水で擦り洗い、水気をきっちり拭いたら、あとは一切洗わない」。これも鉄則です。下処理を終えたら、大きな魚はキッチンペーパーを腹に詰めて包み、小魚はキッチンペーパーを敷いた保存容器に腹を下にして並べ、チルドに保管。これでよし。

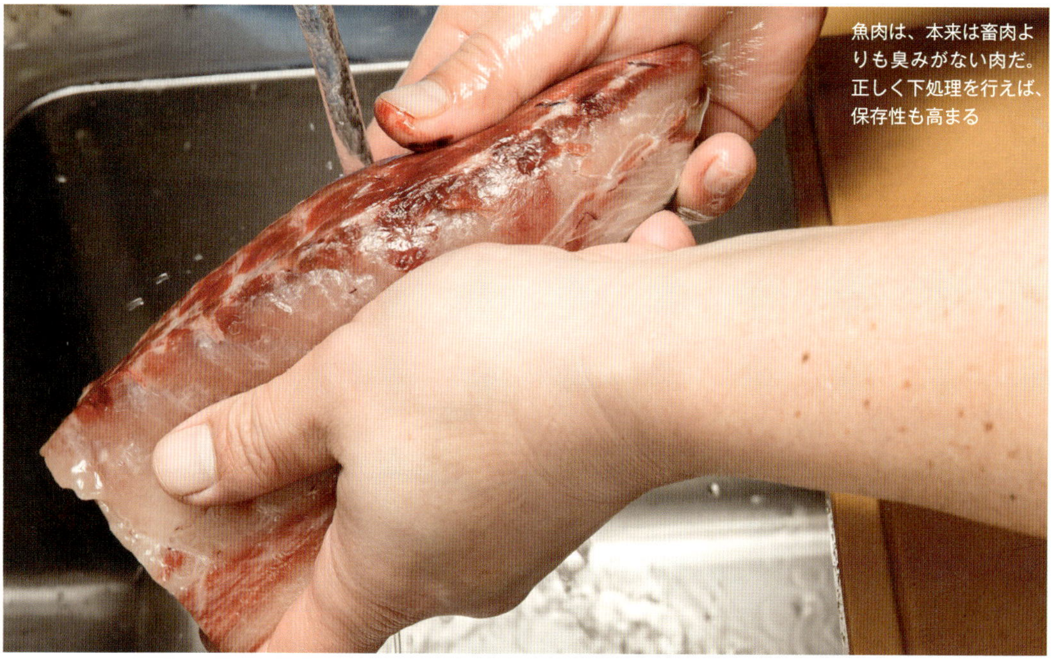

魚肉は、本来は畜肉よりも臭みがない肉だ。正しく下処理を行えば、保存性も高まる

頭を落とすまで

①まずは水洗い

ステンウールで水洗いし表面の粘液を落とす。ヒレの棘が刺さりやすく、キッチンバサミでヒレを切り落とすのもよい。

②ウロコを落とす

ウロコ落としは、動かす方向に対して斜めに当てるようにする

ポイント
周辺から先に落とす
頭やヒレなどの細かい部分を先に落とし、その後胴体中央に移行すると取り残しが少ない

③刃の入る場所を探る

水気を拭き取り、腹を手前にして背骨に到達するまで包丁を入れ、腹の下にかけて内臓を傷つけないよう切り進む。

④刃を入れる

背を手前に返して続きを切り進み、包丁の先を刺すようにまっすぐ立てて背骨を切り落とす。

⑤腹を裂く

向きを変え、肛門に刃先を入れて「逆さ包丁」で首に向けて腹を裂く。内臓を傷つけないように

ポイント
内臓を傷つけない
内臓を刃で傷つけると臭みが広がってしまうため、注意する

⑥頭と内臓を取る

手で頭を引きはなすと、頭と一緒に内臓が取れる

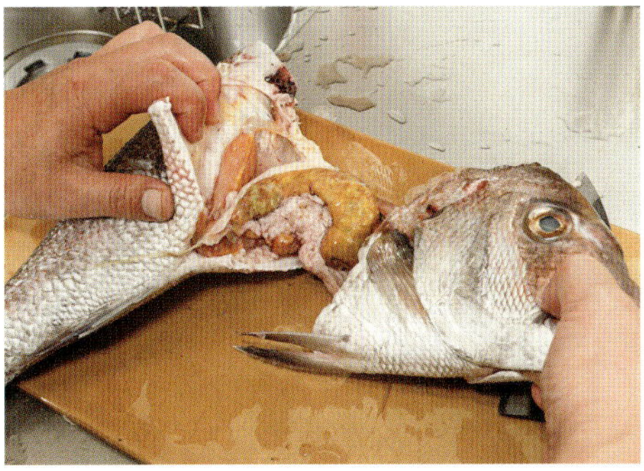

三枚おろしの基本

⑦歯ブラシで洗う

刃先で腹の奥を切り、水を流しながら歯ブラシで血を洗った後、水気を拭く

ポイント
こまめに水洗い
臭みを消すため、この段階まではこまめに水洗いする。水気を拭き取ることも忘れずに

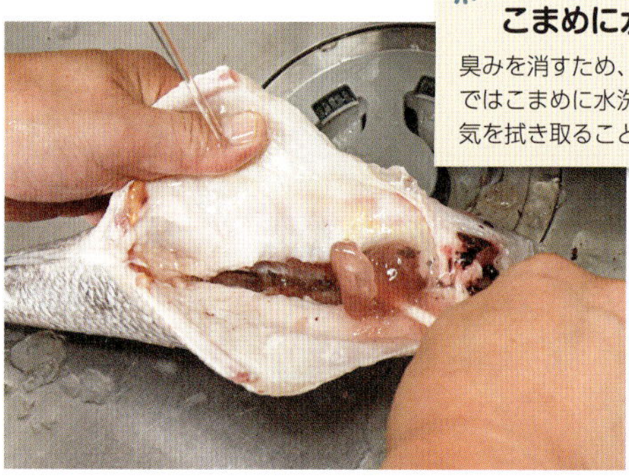

⑧腹側に切れ込みを入れる

骨に当たるように刃先でごく浅く、ヒレの上をなぞるように切れ込みを入れていく

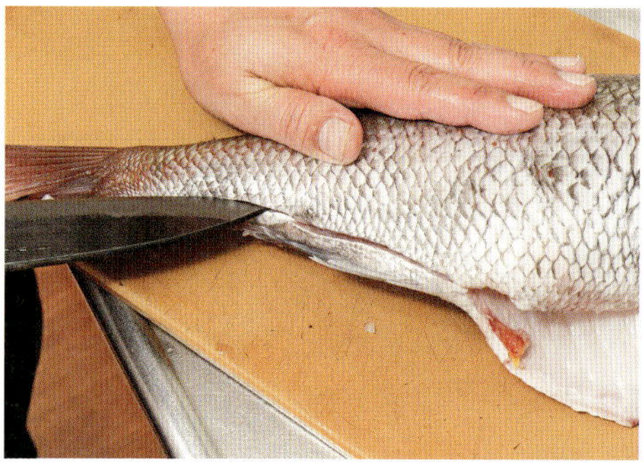

⑨背にも切れ込みを入れる

上下をひっくり返し、腹同様に切れ込みをつけていく

ポイント
いきなり深く刃を入れない
いったん刃を入れるための切れ込みを浅く入れてから改めて包丁を入れるときれいにおろすことができる

⑩骨まで刃を入れる

⑨の切れ込みに沿って、刃先に骨を当てながら中心まで刃を入れていく。刃の角度に注意

⑪尾の部分を切り離す

尾のつながっている部分を切り離し、腹骨だけで身がつながっている状態にする

⑫２枚におろす

上下をひっくり返し、包丁の刃を突きたてるように腹骨を切り離し、身をはずす

⑬切れ込みを入れる

⑫の身を切り離したら裏返し、⑧～⑨と同じようにそれぞれヒレの上をなぞるように切れ込みを入れる

⑭背から刃を入れる

⑬を裏返し、⑬の切れ込みに沿って、背の側から骨に沿って刃を入れていく

ポイント
できるだけ薄く
骨に付く身ができる限り少なくなるようにする。包丁の刃が透けて見えている

⑮３枚におろす

⑭を裏返し、背側から続きを切っていく。腹骨を切り離し、３枚におろす

⑯おろした身を切り分ける

身を背と腹に二分し、腹骨を削りとる。血合い骨（写真）も切り取る

⑰頭を割る

包丁を深く握り、上あごの前歯の間に突き刺すように刃を入れ、まな板に刃先が付いたらそのまま切りおろす

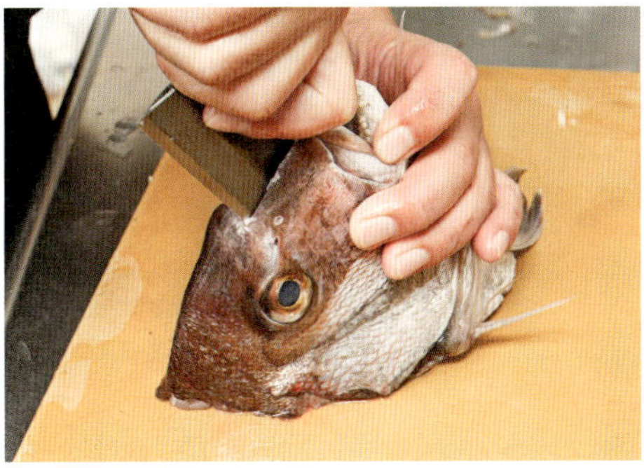

完成

頭と切り分けた身。尾びれはキッチンばさみで処理する。中骨はいくつかに切り分けて、お吸い物に

目からウロコの

小アジのスピード処理

旬には大量に手に入る小アジ。
包丁を使わない下処理を覚えておこう。

①首の根をつかむ

水洗いしたアジの首(黒い斑点があるところ)をつかむ

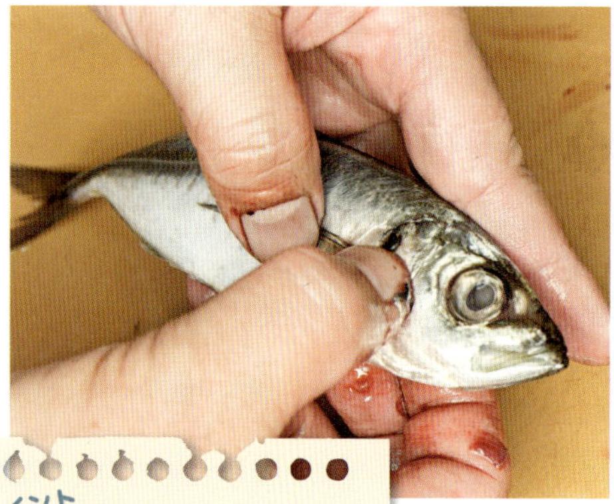

ポイント
20㎝程度までならこの方法で
手のひらよりもやや大きい、20㎝程度までのアジもこの方法で処理できる

②ワタごと頭を取る

つかんだまま、エラと内臓を下方向に引きちぎる

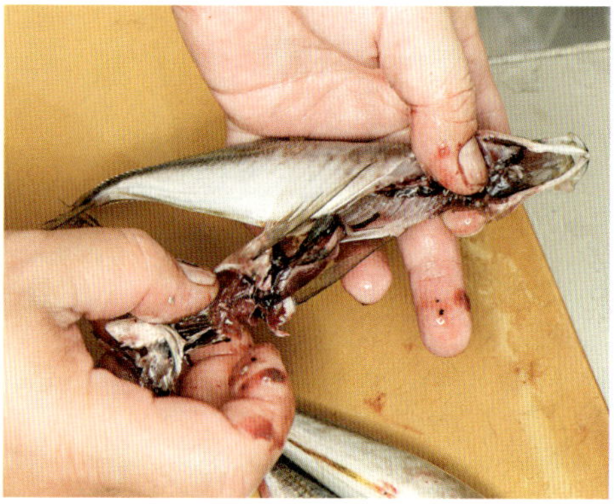

③骨抜きで皮を取る

流水と歯ブラシで洗い、水気を拭く。頭を持ち、首の根元から骨抜きで皮をゼイゴ(P.58参照)ごとはぎ取る

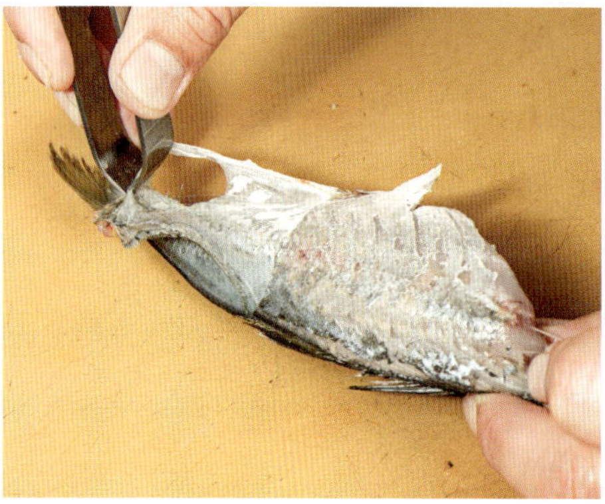

④３枚におろす

３枚におろす場合は、尾の側から包丁を入れ、頭のつけ根で切り離す

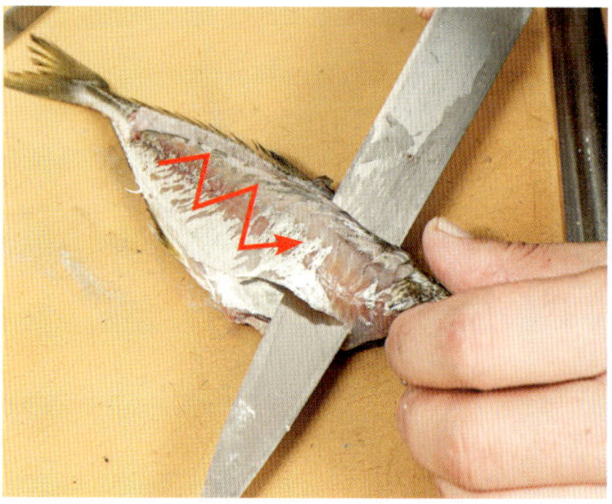

簡単！

イワシの手開き

素早く、たくさん下処理したいイワシ。
そんなときに便利なのが、この"手開き"だ。

①頭を落としワタを出す

頭を落とし腹の脇から包丁を入れ、刃で内臓をかき出してから、切り落とす

ポイント
こまめに水洗い
生臭さを取り除くためには、水洗いが命。小さいイワシでも腹の中まで丁寧に洗う

②親指を差し込む

流水と歯ブラシで洗い、水気を拭いたら写真のように、両手の親指を差し込む

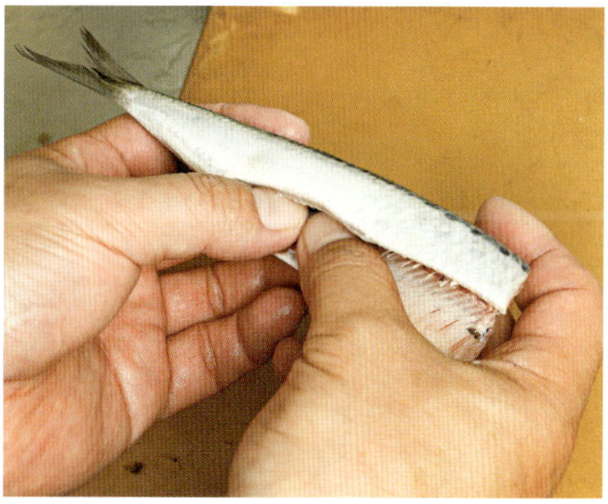

③左右に開く

②の状態から、骨にそって親指を左右に移動させ、身を開いていく

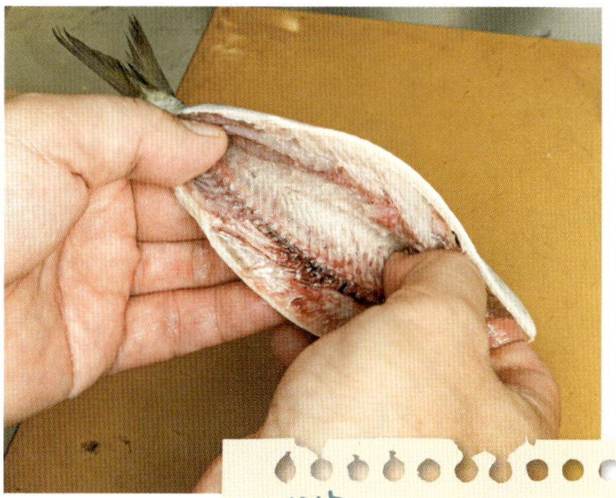

ポイント
包丁の臭いを付けない
イワシの身は包丁の鉄の香りを吸いやすいが、手開きならば臭いが移ることはない

④背骨を取る

尾の付け根の骨を折り、背骨を起こすように外していく

ポイント
背骨は捨てない
背骨からはよいダシが取れる。お吸い物などに利用する

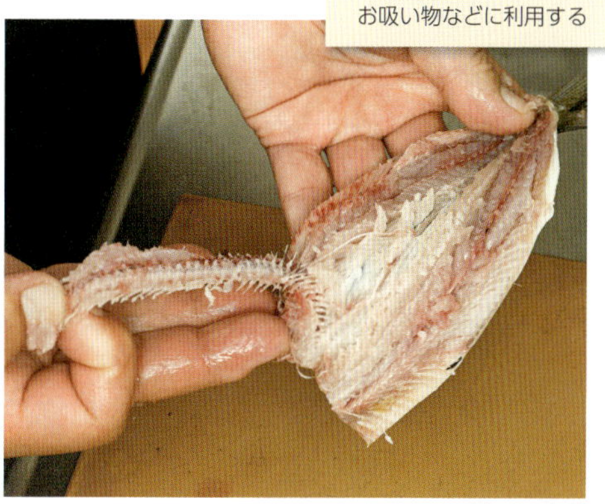

Column 1

和洋中の“しくみ”を知る

どこの国の料理も、それぞれに代表的な味の組み合せを持っている。たとえば、和食ならば、醤油、味噌、酒、酢、ミリン。洋食ならば、バター、オリーブ油、コショウ。中華ならば、ネギ、ショウガ、ニンニク、ゴマ油など。さらに、東南アジアならば砂糖、唐がらし、レモン汁、魚醤、ナンプラー、というようにね。

これらの組み合せはかっちりしたものじゃなくって、どの調味料を前面に出すかで料理はまったく変わってくる。主役となる調味料は醤油なのか、味噌なのか。あるいは、ネギなのか、ショウガなのか。また、組み合わせてみるのも楽しいね。たとえば、和風のバター焼き、中華風味の煮つけ、みたいに。

そのためにも、各調味料の役割と、調和する組合せを知っておくとよい。「しくみ、しくみ」と口を酸っぱくして言うのは、そのためだ。基礎を知らずして、進化なし、です。

とはいえ、決して忘れてほしくないのは、いじりすぎてはいけないということ。どんなにおいしくできても、調味料が魚の個性を消してしまっては本末転倒。その魚を使う意味がなくなってしまう。だから、調味料は控えめが原則だ。そもそも魚は塩使いと酒使い（P.48参照）だけで十分おいしくなる素材なのだから。

3章 魚がおいしい 5つのしくみ

サカナは料理が難しい、これも大ウソ。
５つの調理のしくみと調味料のしくみで自由自在。
料理の幅は星の数ほど。

調味料のしくみ

調味とはなにか

「調味」とは、「味つけ」ということにはちがいないが、実はそれだけではない。素材の細胞を緩めたり、引き締めたり、保存性を高めたり、さまざまな“機能”と一体となっている。

たとえばサバの水煮を作るとする。水で煮ただけでは味の抜けたサバ肉とダシ汁ということになるが、加減よく塩を加えればおいしく飲める汁となり、さらに塩を強めれば身が引き締まりコクのある塩煮となる。もっと強めれば、汁は塩辛くて飲めなくても肉のほうは保存性が高まりおいしくなる。そう、理にかなった調味を身につけるには、用いる調味料の味と役割、そして加減と組み合わせを、普段から調味料をなめながら、よく知っておくこと、これが近道なのであります。

最初から高望みしてレシピを覚えても、他の料理へと発展していかないのでは意味がない。コツコツ味を探していくのがよろしいのです。

調味料の基本となる塩。しかし、その役割は味をつけることだけではない

基本の7大調味料

細胞を締める仲間

塩

塩味を与え、甘味を引き出し、脱水によりやわらかい素材を引き締める。強く用いれば保存性が向上。

醤油

元来は味噌の上澄み(たまり)。これ自体が旨味。薄口は塩分が濃く、濃口は塩分が薄い。

酢

米と酢酸菌で生まれた酸味を伴う旨味。殺菌。タンパク質の分解。酢水によるアクとりと洗浄。

味噌

蒸し大豆に塩と麹を加えて寝かせた醤油の原型。旨味があり、米・麦など風味により使い分け。

ミリン

米から生まれた少量でコクのある甘味。加熱により仕上げに照りが出る。やわらかい素材を固める。

細胞を緩める仲間

砂糖

ミリンに比べてやわらかい甘味と加熱した時ふっくらした仕上がり。直に当てれば脱水も。

酒

下味を支える甘味とコク味、酸味。酒蒸しでは湯より早い加熱が可能。殺菌。臭みの分解。

その他の調味料

“辛味”の仲間

コショウ

ヒリヒリとキレがよい香ばしい辛味。酸味や油、貝やタコとの相性が良く、主に洋食に用いる。

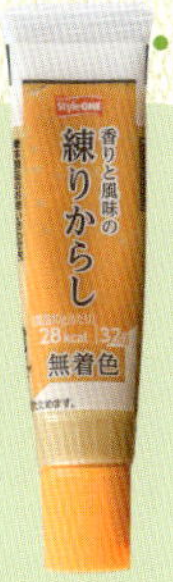

和がらし

風味のキレは遅く、菜花系の野菜に含まれる香味。甘辛い醤油味と合い、和・洋・中に用いる

わさび

わさび特有の、キレのよい香味と辛味。殺菌による保存性向上。和食に用いることが多い。

粉唐がらし

種類によっては口中に痛覚を伴う長引く鋭角的な辛さと香ばしく甘い香り。保存性を高める。

食用油

サラダ油、オリーブ油、ゴマ油などを、和・洋・中の風味によって使い分ける。

合理性と味わい

「生」ということ

冷蔵庫のない時代でも、人間には肉や魚を生で食べたい欲望は当然あったとみえて、新鮮なものばかりではない中で、解毒や殺菌作用のある薬味を使ったり、塩で締めて雑菌が繁殖しないようにしたりして、ようやく安全を実現したのが「生食」だ。

たとえば西洋料理のカルパッチョは、塩で雑菌源となる水分を減らして酢で殺菌し、解毒作用のある香辛料を加え、オリーブ油でコーティングして酸化を防いでいるわけで、生食の味と安全面において、極めて合理的と言える。日本の刺身も原点は一緒。わさびで殺菌し、その香りと醤油で旨味を与えつつ生臭みを緩和することで、総合的に生の魚の旨さを引き出している実例のひとつである。

そもそも「食べる」ということは自然界において危険を伴うこと。ましてや生ですから、これには工夫が必要なのです。

P.113で紹介するヒラメのコブ締め。酢とわさび、いずれも殺菌効果がある

「生肉＋薬味＋調理」が原点

刺身とはなんぞや、と考えてみると、きれいに盛りつけてあっても、口の中に入ってしまえば「切った生肉」と「薬味や調味料」が咀嚼（そしゃく）され、混ぜられている。これは「和え物」の一種であって、生食の危険回避の考え方、すなわち“しくみ”は、他のいわゆる和え物と同じなわけだ。ここに立ち返れば、たとえば「マグロの刺身は醤油とわさびで食う」という一般的な方程式以外にも、さまざまな調理法、すなわち素材と技術と調味料の組み合わせがあることが見えてくるだろう。「しくみ」で考えると料理の世界はぐっと広がる。

下の表を参考に、生食の調理法の「しくみ」を考えてみよう。

名　前	薬　味	調味料
刺身	わさび、コショウ、和がらし、唐がらしなど	醤油、塩、味噌など
なます（しめサバなど）	わさび、和がらしなど	酢、塩、味噌、ミリンなど
カルパッチョ	ハーブ類、ニンニク、コショウ	塩、レモン、オリーブ油など

水への気づかいが生食をおいしくする

生食で気になることといえば、つまるところ、おいしさと中毒を起こさないことだろう。新鮮な魚であれば、肉の中には菌はいない。菌がいるのは表面なんです。とくに菌は水が好きだから、濡れて放置されたり洗った水が汚れていれば、どんどん増えてしまう。同時に「臭み」も魚の表面から発生する。

だから、下処理においては、魚の肉に表面の菌をつけないよう気を使うこと、そして、臭みが出たら表面を３秒ほど流水で洗ってしまうこと。水はすぐに拭き取ればいいのであって、旨味が逃げるから切り身を水で洗うなというのはちょっとおかしい。細胞の中にある旨味は、細胞の中から逃げるのではなく、のんびり洗えば細胞が水を吸って旨味が薄くなるということだ。だから、スバヤク洗って、すぐ拭く。まな板も包丁も拭く。臭みのない生魚料理を作る最大のコツは、この水への気づかいなんです。

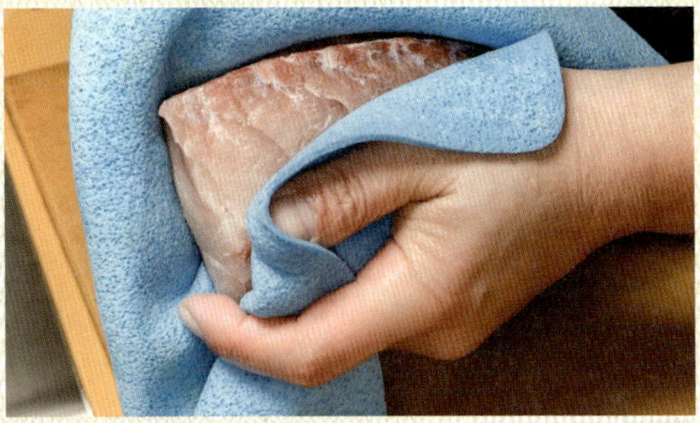

吸水布で水気をとる。臭みは付着した水分によっても増える

●日本で生食が発達した、そのワケは？

というわけで、生食が文化として定着するために不可欠だったのが、清潔な水。魚を獲る海が近いだけではダメなんです。海水で洗うだけでは塩分を好む菌もいるから完全とは言えない。漁師だって、船には真水を積んでいて、切ってすぐに海水で洗って食べることはあっても、昼飯用に刺身を切る前には必ず水洗いしている。経験的に「安全」を知っているのだ。

日本が寿司や刺身など生食大国となった背景には、四方を囲む豊かな海と川、豊かな森林がはぐくむ水資源がある。いい魚といい水。生食はこの両方の条件が奇跡的に揃った国の風土だからこそ実現した食のかたちだと思う。有り難し。

しくみと効果

「焼く」とはなにか

魚を加熱するときに用いる手段は、「水」（ゆでる・煮る）、「油」（揚げる）、「水蒸気」（蒸す）などのように、熱を与える"媒体"によって変わる。そしてどれよりも先に人間が初めて知った原始的な魚の加熱調理法、それが「焼く」だ。

焼くは「空気」を媒体として加熱することであって、炎の熱を伝えて魚のタンパク質を凝固させ、旨味と同時に保存性を高め、あるいはタンパク質や落ちた脂が燃えて燻され香ばしさを生むなど、一連の総合的な効果を得ることができる。

直接的に炎を用いる「焼く」を知ることは、「加熱」ということを知る第一歩につながる。生と並んで魚の個性と真価を味わえる調理法でもある。その魚を知りたければ、まず生、そして焼いてみよ。とは古くより多くの先達が申し伝えるところなのだ。

炭化作用によって旨みが出ることも「焼く」効果のひとつだ

旨み＋香ばしさ＋保存性

「焼く」ことによって生じる利点は３つある。

まずは、魚の旨みを引き出すことができること。融点を超えた脂が皮の外に流れ出て、かつ肉の味を凝縮するから、これが人間の舌に複雑な旨味を与え、魚のおいしさを、よりわかりやすく感じさせてくれる。

もうひとつは、香ばしさ。魚の皮の脂や肉のタンパク質が火で炭化することで香りを生じ、生臭さを隠すことができる。磯臭い魚や血の匂いが強いカツオなどを「タタキ（もしくは「火取り）」「焼き切り」「焼き霜」ともいう）」にするのはこのためだ。

そして、保存性を高めることができることも重要な要素だ。加熱すると、雑菌を殺し、それ以上の肉の変質を止めることができる。これは「焼く」に限らず、加熱調理の重要なポイントだ。

これ以外にも、たとえば焼く際に塩以外の調味料を加えることによって、料理の幅はさらに広がる。味噌焼き、西京焼き、照り焼き、幽庵(ゆうあん)焼き、等々。こうして、豊かな焼き魚料理の世界ができあがっている。

「焼く」を「3つの効果」で分けてみる

① 旨みの凝縮 → 脂の流出、肉の凝固によるもの
② 香ばしさの発生 → 炭化による香り、臭みを隠す効果
③ 保存性の向上 → 雑菌の死滅／変質のストップ

「焼く」を「用いる調味料」で分けてみる

無し（素焼き）	味の繊細な魚や、ダシに使う魚などに用い、別途味をつける
塩	塩焼き、酒塩焼き（塩＋酒）など
醤油	照り焼き（醤油＋ミリン、酒）など
味噌	味噌焼き、西京漬け（味噌＋ミリン、酒）など

●自宅の魚焼きグリルで塩焼きをおいしくするコツ

家庭で上手く焼き物をするには、まず自分のグリルの機能特性をつかむのが大切だが、ここでは上面から火が出るタイプという前提で話を進めよう。

巷の塩焼きで多いのが、格好よく焼けていて表面の塩気がちょうどいいのに、食い進むにつれて醤油がほしくなってしまうケース。これは「二段塩」によって解消できる。全体にまんべんなく薄塩をなでつけて10分ほど置き、直前に振り塩をして焼く。切り身も同様。ただしこれは海の魚の場合であって、川魚は塩の通り方が早いので、振り塩を打ったらすぐに焼き始めてよい。

次に、グリル内部の湿気を飛ばすため１分ほど空焼きをする。湿気があると、ゆっくり加熱してしまうため、魚が崩れたり、身が網にくっついたり、水っぽくなって生臭みが出たり、逆に水分と共に旨みが流失したりと、いろいろ問題が増えるからだ。

そして、まず表にしたい側を強火で乾くほどに焼いてから、裏にひっくり返して、中火でじっくり焼く。つまり、焼き時間の７割は、裏を焼いていることになる。

火が通ったかなと思ったら、表に戻して香ばしく焼き上げる。「表チョイ・裏７・残り焼き上げ」の流れをつかめば、網に身がくっつくなんてこともなく、バッチリきれいに焼き上げることができる。

なお、グリルの特徴をつかむには、いちど最初から最後まで中火で焼いてみればいい。３分に１回くらい覗いて見て、焼け具合に応じて多少調整する、それがアナタのグリルの火加減です。

しくみと効果

「煮る」とはなにか

生食以外の加熱する調理法のうち、「煮る」は水を媒体として加熱する技術だ。表面の雑菌や生臭みの元である余分な水溶性タンパク質などを凝固させつつ洗いとり、"火が通った"状態にする。

水を媒体とするということは、すなわち100℃以下での加熱料理であることが前提となる。サバの味噌煮やカレイの煮つけなども、すべて水と調味料の溶液で加熱しながら調味する料理なので"煮る"と呼んでいる。

調理のポイントは、まず煮るときの「お湯の温度」と「加熱時間」。この2つを調節することで、魚から水中への「旨み」の流出量を変化させることができる。具体的には、しくみから見れば「煮る」は、「ゆでる」と「ダシをとる」に大きく分けられることが見えてくる。

ダシをとるべく、シャコを「煮る」。湯が沸騰している点に注目

2つの煮る―「ゆでる」と「ダシをとる」を考えてみよう

100℃以上の場合

ダシをとる

細胞内の水分が沸騰し、味が水中へ流出する。ダシがとれるが、肉からは味が抜けやすいため、魚も味わうのであれば、長時間沸騰させての加熱は素材の旨味を失うこととなる

料理例 各種ダシ、鍋物など

70℃～80℃の場合

ゆでる（湯煮）

100℃以下では細胞内の水分は沸騰しないため、旨みが魚肉の外へ逃げない。ダシはほとんど出ないので、素材とダシの両方を味わいたい場合にはゆっくり時間をかける必要がある。

料理例 湯煮、煮つけなど

魚の旨みをどこで味わうか

先ほど述べたように、「煮る」はお湯の温度によって大きく2種類に分かれる。肉の旨みをお湯の中に流出させる「ダシをとる」調理法と、加熱することで魚の中に閉じ込める「ゆでる」調理法だ。前者の代表は、汁物や鍋料理のダシなど。後者は湯煮や煮つけなど、魚という素材自体の味を楽しみたい料理に使えばいい。

これらは上記のように、煮るときの水の温度によって区別できる。

魚を入れた水を100℃以上に沸騰させると、魚の肉の細胞にある水分も一緒に沸騰することになる。するとその沸騰した水分は、魚の中にある旨み成分を一緒に外に連れ出す。これが「ダシをとる」ということだ。たとえば味噌汁のダシをとるときに生の魚を使うなら、いったん沸騰させるのが有効、ということになる。

一方「ゆでる」は、沸騰手前の温度（80℃や90℃）のお湯で加熱する。きちんと加熱はできているけれど、魚の肉の細胞内の水分は沸騰しないから、旨みが水中へ流れ出ることはない。つまり、旨みを外に出すことなく、肉の中に閉じ込めていることになる。これが素材の味を楽しむのに適している「ゆでる」という調理法だ。

この2つの違いは、意識しながらやってみると、ナルホド、と思うはず。ダシをとりたいのに、沸騰させないと味のしないスープになるし、魚そのものの旨さを味わいたいのに沸騰させてしまっては、せっかくの素材から味がお湯のほうへと移動してしまう。魚の旨みをどこで味わいたいか――。それを考えて、加熱する際の温度と時間を決めること。それが、煮る料理の最大のポイントになるんです。

しくみと効果

「揚げる」とはなにか

油を媒体として加熱することを「揚げる」と言う。200℃と高温になる油を使うため、上限が100℃の水で煮るより、加熱に要する時間を短縮できるだけでなく、使い方によっては低温でゆっくりと揚げてふっくらさせることも、また、短時間高温で香ばしく仕上げることも火加減ひとつで自由自在の調理法だ。使う油の量によって呼び方もちがい、たとえば少量の油を用いた加熱を「炒める」という。この違いは厳密ではなく、最近は「揚げ焼き」といった言葉も出てきたようだ。

また、「油煮」といった料理法もあり、これは100℃以下の低温の油でじっくり加熱することを表現したものだ。水を媒体としていないために旨味が逃げず、かつ空気に触れないため素材の酸化が進行しない。このしくみは、イワシを油で煮た料理であるオイルサーディンに見出すことができる。

手早く加熱できる「揚げる」だが、多様性もある

4つの「揚げる」を比べてみよう

そのまま揚げる素揚げ、小麦粉や片栗粉をまぶした唐揚げ、溶いた小麦粉にくぐらせた天ぷら、表面にパン粉をつけたフライと、「揚げる」には大きく分けて４種類ある。

これらの違いは、揚げ方よりは素材のコーティングのしかただ。素揚げを除く揚げ物は衣をまとうわけだけれど、その内容によって仕上がりが変わってくる。以下の表の通りだ。

素揚げ、唐揚げ、天ぷら、フライ

名　称	衣	調味方法	適した素材
素揚げ	なし	なし、あるいは素材に調味	小エビ、小魚
唐揚げ	小麦粉ないし片栗粉	素材・衣に調味	魚介類全般
天ぷら	小麦粉、卵、水	完成品に調味	切り身ないし小魚、エビ
フライ	小麦粉、卵、水、パン粉	完成品に調味	切り身、エビ、貝類

「揚げる」のお仲間

揚げ物といえば、天ぷらやフライ、素揚げが知られているが、油の量を減らせば「炒め物」に、油の量はそのままで、温度を下げれば「油煮」になる。油の温度が 100℃を超えると「揚げる」や「炒める」、それ以下だと「煮る」になるということでいいんじゃないのかな。どれも「揚げ物」の仲間だから、覚えておこう。

油の温度と量で見る「揚げる」の仲間

炒め物	高温＋少な目の油 (野菜炒めなど)	オススメ魚種： 塩魚、干物の身、イカ、タコ、エビ
油による煮物	低温＋多めの油 (アヒージョなど)	オススメ魚種： 青ザカナ(イワシやマグロ、サバ)のように脂が多く、酸化しやすいもの

しくみと効果

「蒸す」とはなにか

蒸気を媒体として加熱するのが、「蒸す」という調理法だ。しくみとしては水が蒸気になっているわけだから、100度以上の加熱となり、油を使わずとも、より短時間に調理ができる利点がある。酒蒸しなど、他の料理法で５分もかかるところを、油で揚げる並みの１分程度で出来上がる。

この簡便さに対して難しい面もある。古代の中国の宮廷には、調理法ごとに料理人がいたと聞く。焼き手、揚げ手など、さまざまな担当職がある中で、一番高い給料をもらっていたのが「蒸し手」だと言う。つまりそれほどに、蒸し物でまさに今が最高の仕上がりだ、と見極める蒸し加減は、なかなかに難しいということでもある。

ここではそのハードルをとっぱらい、家庭の日常で、手軽にできる蒸し方のコツを中心に紹介しよう。

簡単で早い、蒸し器を使わない蒸し料理

蒸すことの強み

他の料理と比べても、蒸すことのメリットは多い。

まず、「焼く」と違って保湿しながら調理できるから、パサつくことなく、しっとりと仕上げることができる。そして、「煮る」や「揚げる」と違い、周囲に水や油といった液体がないから、味が逃げることもない。つまり、適度な加熱であれば「旨み」を閉じ込めることになる。

蒸し料理は白身と相性がいい。

しかも、蒸気は「揚げる」調理法に匹敵するくらいの高温だから、料理を短時間で仕上げることもできる。旨みや栄養を閉じ込め、パサつきを防ぎつつ、旨みを濃縮した加熱調理が「蒸す」のいいところ。コツさえつかめば早くて旨い調理法なんだ。

蒸す調理に向く魚種は、白身全般、特にタイ、スズキ、カレイ、サケ、サワラなどコラーゲン質の多いものがおいしい。加熱によって身が固くなる青ザカナ類はあまり向かない。

貝やタコなどは長時間蒸すことにより、やわらかさが増す。

家庭でできるカンタン蒸し料理

万能に見える蒸し料理だけど、注意しなければいけないこともある。それは、加熱しすぎると魚の肉が高温で分解されて、ダシが出てしまうこと。いくら水蒸気で保湿されるとはいえ身がパサパサになって、味が抜けてしまう。

だから、骨のキワまで火が通ったところで、ぴたっと火を止めないといけない。このタイミングを見計らうことが難しいと言われている。それに、各家庭に蒸し器があるとは思えない。が、ここに簡単な方法があるから紹介しておこう。

まず、ガラスの窓付きの蓋がついたフライパンを用意して、１㎝程度の深さにお湯を沸かす。次に、アルミホイルを二重にして平たい"舟"を作って、そこに香味野菜などを敷き、塩コショウなどで調味した魚をのせる。最後に魚の上に少し野菜をかぶせ、その舟を沸騰したフライパンに浮かべて蓋をする。実は上にかぶせた野菜が、蒸し加減の目安となるのだ。火は中火で水が少なくなったら足すこと。

目安は10～15分。蓋の窓から見て、魚の上の野菜にしっかり火が通ったら、魚にも火が通っている。これだけでも十分旨いが、焦がしたゴマ油でも回しかけたら立派な中華料理になる。昔はこんな蓋はなかった。ガラス窓はエライ。おかげで今や、こんな料理も主婦の手中と相なった。

アルミの舟を使えば、フライパンでも簡単に本格的な蒸し魚料理ができてしまう。詳細はP.100で

Column 2

塩使い、酒使い

魚を調理する上で最も大切な調味料は、まず、塩。そして、酒。この２つを上手に使いこなせば、どんな魚もおいしく調理できる。

塩。水中に棲む魚は、その身に水分を多く含んでいるから腐りやすい。そこで、塩で水分を吸い出せば保存性が高まり、水分が減っただけ味も濃くなる。保存性を高める上に、肉を引き締めて旨みを増してくれるのが塩だ。

塩の当てかたには、振りかける“振り塩”、まんべんなく当てる“べた塩”、たっぷりの塩をまぶしてしまう“固め塩”と大きく３つある。いずれにしても、計量スプーンなど使わず、自分の手で塩加減の感触をつかむことが大切だ。

塩は肉の細胞を締めるが、逆に細胞を緩めるのが酒。旨みを与えるのはもちろんだが、有機酸とアルコールによって臭み成分を分解してくれるので、保存性も高めることができる。

酒を選ぶときの注意点は、糖類や酸味料を含んでいないこと。いわゆる“料理酒”は、混ぜ物が多く、すでに味がついているので不合格。パックの安酒でいいから、成分を見てそれらを含んでいないものを選ぼう。

塩、酒のいずれも、魚を調理する上ではすごく合理的な調味料だ。料理が“しくみ”であることを学ぶには、うってつけの教材なのだ。

4章 魚の個性いろいろ

世の中においしい魚料理はたくさんあるけれど、
「その魚でなければならない」料理は意外と少ない。
魚料理のよろこびは魚ごとの“個性”を味わうことなり。

マグロの体を味わいつくす

マグロはいろいろな意味で凄い魚だと思う。「高度回遊魚」といって、世界を股にかけ長距離を泳ぐ力を持つ彼らの種類と棲んでいる海域を申し上げると、北半球にはクロマグロ、南半球はミナミマグロ、赤道を含む両側にメバチとキハダ、ビンナガが泳いでると覚えておけばよろしかろう。我々が何気なく食っているマグロの仲間はこのように分布が広い。産卵直後以外は味覚の旬なので、いつでも何らかのマグロが楽しめる。サイズによって味はかなり変わってくるし、部位によっても肉や脂の味わいがちがう。

背・カミ

赤身主体だが、背ビレ沿いの肉は「ヒレぎわ」「分かれ身」とも言い希少価値。脂が乗ると口どけのよい肉質となる。

脳天

首にあたる紡錘形のスジ肉であるが、脂が乗るとスジがやわらかくなり頭のトロとも呼ばれる。肉のキメが細かく、刺身の他、あぶりや天ぷらなどに。

目玉

大きな目の奥には弾力のある動眼筋と、溶けやすいたっぷりの脂を蓄えており、煮つけの他、脂ごとネギと味噌で叩き合せてもよい。

ほお肉

網目状に細い筋が入った円盤状の肉。脂は乗せないが、加熱してもパサつかないため、唐揚げやステーキ、ムニエル、炒め物などに向く。

エラ身

エラの根元を支える胃袋上部の筋肉。脂はないが、歯切れのよい、砂肝のような食感の赤身。串焼きや唐揚げ、炒め物などに向く。

腹・カミ

胸ビレから腹ビレにかけては網の目状に脂が乗った歯ごたえがよい「カマトロ」、その後方は「大トロ」となる。刺身の他、骨のある部位は塩焼きや煮つけなどに。

断面図は右上

本皮

硬いウロコがついている背の部分は、熱湯をかけてウロコを落として冷やし、刻んで煮物や炒め物、ネギポン酢に。ウロコのない腹側後方は塩焼きして刻み、わさび和えなどに。

背・ナカ

赤身主体であるが、それぞれ骨際の「中落ち」、血合につながる「血合ぎし」など、変化する味わいを持つ。通常のわさび醤油の他、「塩マグロ」にすると味がよい。

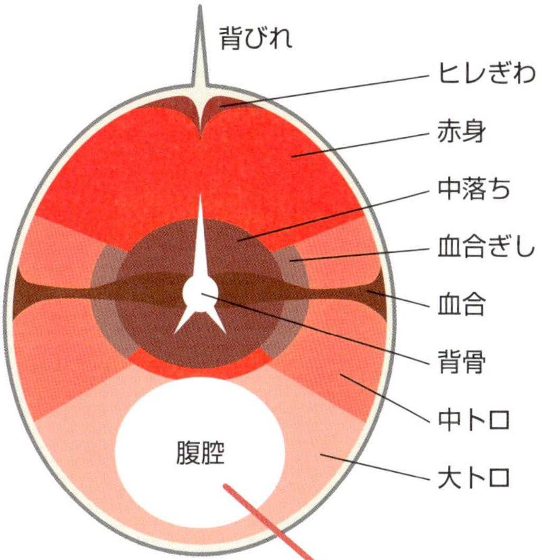

断面図

内臓

内臓のうちおいしいのは心臓と胃袋。心臓は血抜きをして炒め物や塩焼き、胃袋は熱湯で洗い、ゆで汁に漬けたまま冷ましてスライスし、和え物や炒め物に。

背・シモ

赤身主体だが、スジが多く、加熱調理に向いている。スジからはぎとった身はさっぱりした赤身。唐がらしを振った酢醤油で食べると味が引き立つ。

水切り

水平に張り出した尾の皮の一部。厚みのあるコラーゲン質で、ゆでて薄切りにし、和え物、炒め物や煮物に。

腹・ナカ

内臓を包むジャバラ状の典型的な大トロを「砂ずり」とも呼ぶ。血合ぎしは濃厚で良質の中トロ。刺身の他、塩焼きや甘辛醤油味で長ネギを入れたネギマ鍋に。

腹・シモ

肛門から後方はスジが多く加熱調理に向くが、スジからはぎとった身はさっぱりした脂を乗せている。スジごと細かく切って味噌汁にもよい。

尾肉

背骨の周りにある棒状の肉と太いスジ、水平翼のように突き出た皮の「水切り」。コラーゲン質に富み、骨ごと煮つけの他、骨からはずしてブツ切って唐揚げや炒め物によい。

画像提供：水産総合研究センター（FRA）

天下無双の赤身の王者

クロマグロ

漁獲の旬
夏〜冬

味の旬
秋〜冬

向いている調理法

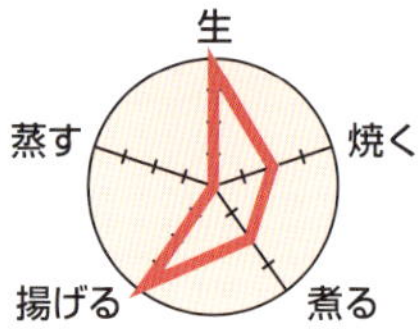

画像提供：水産総合研究センター（FRA）

オススメ料理は
P.120〜
123,126

かつて「トロ」は、貧乏学生やネコの食べるものだったという

プロフィール

青森の大間だ、北海道の戸井だ、築地のご祝儀相場だと、毎年、人間共が騒がしく盛り上がるのがこのサカナ。最大400kgにも育つ「ホンマグロ」とは、これのこと。沿岸の定置網に入る小型のものをヨコワ、少し大きくなるとシビとかチュウボウに呼び名が変わり、各所でサイズごと季節ごとに賞味する。つまり日本人のこのマグロに対する食欲的愛着というものは、他のマグロとは一線を画していると言えよう。日本海の中西部にはクロマグロの産卵場が点在し、鳥取県美保湾の昔日の記録写真には、なんと「地引網」で獲れた30キロほどのやつを、フンドシ締めた男衆が“砂浜で”解体している姿が残っている。夏に産卵のために集まる群れを、昨今のように巻き網で一網打尽に獲るようなことではもったいない。せめて産卵後にしてやっていただきたい。

食材としてのクロマグロ

身の赤色が黒いほどに濃くて血の気が多いのがクロマグロ。血の酸味、肉のコク、そして脂の甘みが組み合わさった、独特の甘酸っぱい香りが特徴だ。噛み締めて飲み下すと、最後に舌の上に残るのはかすかな渋味。なかなか複雑巧妙な味の魅力を持っている。それゆえ、一度ハマると、どこまでも追いかけたくなっちゃう、という人も多い。特に赤味の味わいという点では、並ぶものがない。近年は、稚魚を網に囲って餌をやって太らせた「畜養」も増えているけれど、たしかに脂はあるが、それ以外の要素は、今のところ遠く天然には及ばない。そりゃそうだ。同じだったら漁師も料理人も、あそこまでこの魚を追っかけはしまい。昨今はいっそう貴重な食材となった。増えているものは恵みに感謝しつつ、減ったものは食べないではなく少しずつ大切に食べるのが古来日本人の自然に寄り添う食べ方なのだ。

もどかしい味の中に強い個性あり

ミナミマグロ

漁獲の旬
冷凍周年

味の旬
冷凍周年

向いている調理法

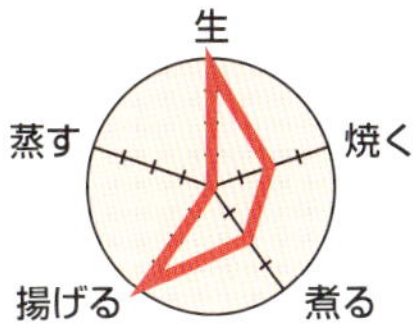

画像提供：水産総合研究センター（FRA）

オススメ料理は
P.120〜
123,126

冷凍技術の進化が南半球の高級マグロをつれてきた

プロフィール

またの名をインドマグロ。インドネシアからオーストラリアのインド洋、アフリカ沖にもいる。南半球で獲られてはるばる運ばれるわけだから、かつて冷凍技術が未熟だった時代には、日本に着くころには品質が落ちて二束三文だったというし、オーストラリアでは缶詰めにもされていた。ところが今はどうだ。クロマグロと肩を並べて立派なもんだ。このところ資源が減っているということで、豪州と日本で共同の資源管理をおこなっているほどの貴重品になってしまった。ということもあってか、近年はミナミマグロも、クロマグロと同じく蓄養されている。スーパーで見かける蓄養ものは“養殖”とわかりやすく書いて売られている。とはいえ、その稚魚は天然を獲ってくる。養殖だから手放しにドンドン食べてよいという意識は捨てたほうがよい。

食材としてのミナミマグロ

クロマグロと比べると、全体的に軽やかな味だ。と思いきや、よく噛んで味わうと、控えめな中に強い味を持っている。ねっとりとした甘味と硬派な鉄の味を肉に秘めた、実は個性派だ。しかもそれは、クロマグロみたいにストレートではなく、ワンテンポ遅れてじわっとくる。もどかしいんだけれど、ガツン。そこが魅力だ。こうしたヒネリのある味を楽しむには、定番のわさび醤油もいいが、塩でも食べてみてほしい。塩をつけて食べるのではなく、塩で軽く締めてからわさびだけで食べてみればいい。特にミナミマグロの特徴が、よくわかる食べ方なのだ。これが「塩マグロ」。詳しくは別項（P.121参照）でどうぞ！　ついでながら「塩締め」は、けしてマグロの専売特許ではない。さまざまな魚の個性を真っ向から味わう、人類最初にして最強の調味法ではないかと思う。

マグロらしからぬメバチ味とは?

メバチ

漁獲の旬
生は秋

味の旬
秋～冬

向いている調理法
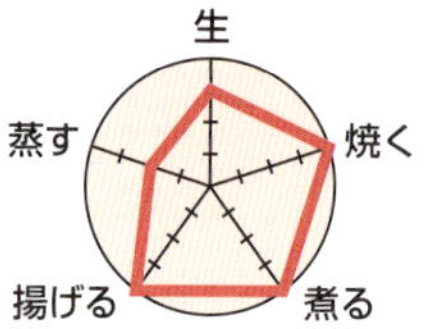

画像提供：水産総合研究センター（FRA）

オススメ料理は
P.120～
123,126

ダルマ型の体に対して大きな目玉が特徴

プロフィール

メバチは他のマグロに比べて目がデカい。だから「目鉢」と呼ぶのであってメバチマグロとは言わない。赤道をはさんで分布は広いが日本海などの一部の海域にはいない。メバチの特徴は、マグロ類の中で、最も深いところまで潜るということだろう。深いと日光が届かないので当然暗い。そこで、目がでかくなったという進化をとげている。クロマグロやミナミマグロが表層や中層の魚やイカを食べているのに対し、メバチはそれだけでなく、もっぱら数百メートルも潜って深海性のエビや小魚を腹に詰め込んでいる。ちなみに、シーチキンの缶詰でおなじみのビンナガやキハダも同じ海域にいる仲間。南方海域のものは脂が乗ってないことが多いけれど、むろん脂ばかりが旨さではない。それぞれの個性こそが旨さであり、それを感受できれば一人前だ。

食材としてのメバチ

クロマグロやミナミマグロに比べると赤身の色も香りも、若干薄い。血や肉の味も控えめではあるが、実は他のマグロとは一線を画す魅力を持っている。良質のメバチをよく噛んでいくとバニラに似た、独特の風味が口内に充満してくると同時に、じわじわと優しい甘味も感じられるはず。これがメバチの真骨頂。どの魚でもそうだが、食べている餌のタンパク質や脂の特性が、それを食べている魚の風味のちがいとなって現れる。ゆえにメバチも、深海性のエサを食べる習性が、そのまま味の特徴に出ているというわけでおもしろい。メバチは冷凍品も多く、スーパーにも並ぶ代表格、マグロ界の庶民派だ。なのに、わかってくるほどに、その味は深いのである。メバチのみならず、多くの魚はこのように隠れた実力を持っている。それを発見した時の喜びも味のうち。

食卓と生態系を支える“海の米”

マイワシ

漁獲の旬
夏〜冬

味の旬
夏〜冬

向いている調理法

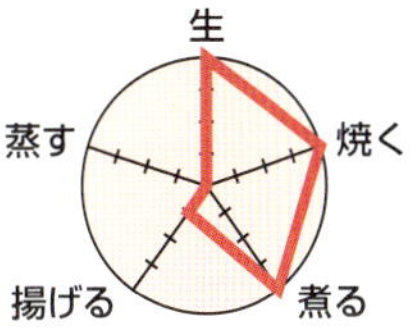

オススメ料理は P.72,127

ウロコが残っているイワシを見たら買い

プロフィール

海の食物連鎖を支えるのが山や川からの栄養であるならば、その上位がプランクトン、そのまた上に位置しているのがイワシたちだ。プランクトンを食べると同時に、他の魚にも食べられる。つまり食物ピラミッドの中で、海の栄養を様々な魚肉に変える重要な役割を担っている「海の米」だ。もひとつ言えば、地球規模で何らかの汚染が進む中、有害物質はピラミッドの上にいくほど濃縮される。その点、毎日食べるのであれば、イワシみたいにピラミッドの下位にいる魚のほうが安心。しかも旨い。イワシは脂が乗ると凄いんだよ。東京湾や銚子で梅雨の時期に獲れるマイワシなんて、皮をはぐと表面が脂で雪みたいに真っ白。「トロイワシ」と呼ぶ人もいる。

食材としてのマイワシ

魚偏に弱いと書くがごとく、傷みやすいのがイワシの宿命。イワシは弱し。だけど、イワシの目利きは簡単だから心配いらない。目が赤くなっていたり、腹がやわらかくなっているのは避ける。あとは、身が痩せて頭でっかちに見えるものもパス。第一印象で、目がきれいで小顔のぷっくりスタイルを選べば大丈夫。昔は「イワシ屋」なんていうのがあってね、イワシ料理だけで店が出せたくらい調理法は豊富。青ザカナ特有の脂のクセがあるからオールラウンダーとは言えないが、特に、塩、酸味との相性がよく、野菜や果物との合わせ技もあるからウレシイ（P.127 参照）。脂が酸化しないうちに手早く処理、手早く調理、手早く食っちまおう。

マイワシのお仲間

マイワシ以外では、ウルメイワシと、よく煮干しになっているカタクチイワシを覚えておけば大丈夫。ウルメイワシは南方系で味が濃くて脂は少なめ。カタクチイワシは白と黒２つのタイプがいて、白は沿岸で白身、黒は沖合で赤身系だ。

焼いて冷めても硬くならぬ、噛みしめる味の奥深さ

サワラ

漁獲の旬
春・秋

味の旬
冬

向いている調理法

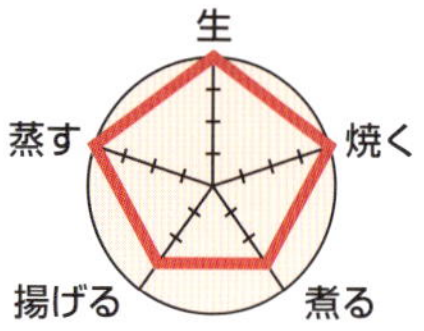

オススメ料理は
P.78

水温の上昇とともに分布域を拡大中

プロフィール

産卵は春。接岸する群れを、瀬戸内海では網に絡ませる「流し刺し網」で獲る。本来は、九州から日本海の若狭湾、太平洋なら千葉の銚子沖までが生息域だったけれど、近年は温暖化の影響か、分布が北上しつつある。青森あたりの定置網に群れが入った話も頻繁となり、今や北海道を除く、ほぼ全国区の魚になっちゃった。お蔭で従来の高級魚イメージから大衆魚に変わりつつあり、うれしい反面、輝きが薄れたような。魚に春と書くがごとく旬だと言うが、これは産卵接岸する、つまり漁獲の旬。脂を乗せて味がよくなるのは冬場だ。この時期は寒サワラないし秋サワラと呼ばれ、春とは比べものにならない高値で取引されている。

食材としてのサワラ

味噌と酒粕に漬け込んだ西京焼きなど、漬け魚のイメージが強いかもしれない。これは、サワラの肉質がやわらかくきめ細かく、ゆえに加熱後に冷めても硬くならないので、弁当や祭事の時に重宝されたことによる。サワラが庶民の魚になった今、総菜として覚えておくべし。春の瀬戸内海では農繁期に大勢に供す大きな魚として重宝した。あるいは祭りや祝いの食として、サワラの酢締めの寿司が岡山や淡路島に残っている。従来高級魚だったサワラも、大量に獲れる60㎝以下は「サゴシ」の名で売られておりたいへん安く、これぞ地球温暖化による主婦への恩恵と言えるのである。

サワラのお仲間

サワラと総称される仲間には、ヒラサワラ、カマスサワラ（別名オキサワラ）などがおり、南方系のカマスサワラはスーパーでも見かけることがある。大型で、夏にはサワラに代わって味がよい。

旅するスルメはイカ惣菜の王様

スルメイカ

漁獲の旬
夏・冬

味の旬
夏・冬

向いている調理法

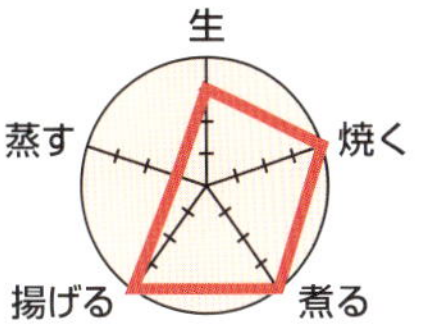

オススメ料理は P.80,94

ツヤがあって白くふやけていなければOK

プロフィール

九州の西の海域、東シナ海にスルメイカの産卵場があるらしい。冬と夏に生まれ、餌を求めて日本海を北上し、折り返し戻り、産卵して死んでいく回遊魚である。回遊するイカがいれば、それを追って回遊する漁師もいる。群れと共に北海道まで北上して九州に戻ってくるイカ釣り船団は、各地に水揚げを繰り返しての旅船だ。スルメイカは成長しながら広い海域を移動するので、色々な生き物を食べ、また食われる。あの高級ホンマグロだって大好き。イワシを海の米と言うならば、スルメイカもまたこれに並ぶ。そんな立派なイカなのに、あまりにもぞんざいに並んでいるので、我々は敬意が足りないと思う次第である。

食材としてのスルメイカ

大きな肝臓（キモ）が魅力。たっぷりの塩でキモを一晩脱水したのを絞り出し、刻んだ身と和えると塩辛となる。水分が腐敗の元なので、身は酒で洗い、しっかり拭いておく。新鮮な生を買ってきたら、ゆでても焼いてもシンプルに旨い。煮るならばイモ類との相性が抜群だ。揚げる場合は、香りがいきるフライがいい。刺身にはクセを隠してくれるショウガ醤油。ねっとりした食感がお望みならば、いったん冷凍すればいい。内臓も何もとらないイカを焼き網やフライパンの上で転がし焼いてブツ切りし、キモと醤油をまぶして食うのは漁師のオヤツ。見た目は汚ならしくとも一番旨い食べ方だと思う。

スルメイカのお仲間

厳密に言えば仲間ではないが、食卓に近いイカには、ケンサキ、ヤリ、アオリ、コウイカなんかがいる。身の甘さならケンサキかアオリだけど、ご飯と合わせるには甘過ぎる。コクならスルメ、食感と上品さではヤリイカに軍配としたい。

値段、旨味、ボリューム感など、総合得点ナンバー1

ゴマサバ

漁獲の旬
通 年

味の旬
夏～秋

向いている調理法

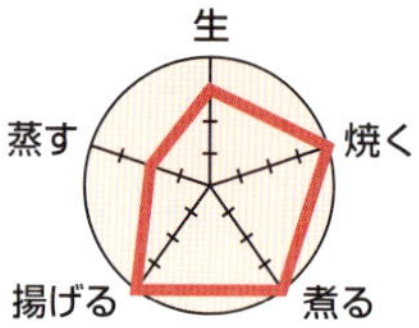

オススメ料理は
P.84～85,
101,125

体の虫食い状の斑点でマサバと判別

プロフィール

北海道から九州まで、日本海にも太平洋にもそれなりにどこにでもいる大衆性がうれしいではないか。親戚にはマサバがいて、どちらかが増えると、もう一方が減るという関係で、海水温が上がっている昨今はゴマサバが優勢。増えてるほうを食えばいい。値段はゴマサバが安い。獲れる場所と時季によって味はずいぶん違うから、最近は各地でブランド化も進んでいる。昔から「サバの生き腐れ」と言われ、見かけは新鮮そうなのに腹の中が臭いということもあったが、保冷技術が上がった今は、そんなことも減った。ただ、生で食べる場合には、寄生虫のアニサキスに要注意。糸くずのように目で見えるので、ヒレ際や腹に近い部分にはよく目を通そう。

食材としてのゴマサバ

安くてボリュームがあって、旨みが強くて料理もしやすい。総合的に高得点の魚だ。ゴマサバの身は赤味がかり、体の断面が丸いのに対し、マサバは身が白っぽくて平べったい。ゴマサバは夏から秋、マサバは秋から冬に脂を乗せて旨さが増し、定番のシメサバから、塩焼き、煮つけ、唐揚げ、となんでもござれの万能ぶり。一方、脂の乗っていない小中型に塩を当てて汁にしたり、油で炒めた料理も捨てがたく、三枚におろして焼いたサバをスライス玉ねぎとパンで挟んで食うのも乙なもの。旨み成分が多いということは痛みやすいということでもあるから、腹が硬い、目に透明感があるのを選ぶべし。

サバのお仲間　マサバの他、脂の多いノルウェーサバ（大西洋サバ）の輸入も増えて、脂志向に拍車がかかったのは、魚に罪なしとはいえ残念至極。

タコの加熱味、三変化を誰や知る

マダコ

漁獲の旬
夏

味の旬
夏・冬

向いている調理法

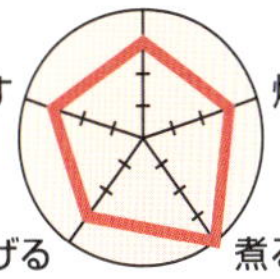

オススメ料理は
P.86

活きたタコが買えたなら、人生
いちどは自分でゆでてみたい

プロフィール

スーパーにピンクがかったゆでダコがあったら、それは輸入物だ。歯切れはいいけどコクが弱い。もし、アズキ色のタコがあったら、それがマダコ。通称は「地ダコ」とも言う。岩礁地帯に棲んでいて、エビやカニ、貝を日々たらふく食べているのだが、食べるものによってずいぶん味が違う。エビやカニを食べているタコの肉は香ばしく甘い。もっぱら貝を食べている奴は香りが弱い。一番旨いのは、イセエビやアワビを食べている贅沢なタコ。だから産地は要チェック。洋風料理にも合い、地中海の国、スペインでは塩、ニンニクとオリーブ油でよく食べる。これはまことにタコに合う西洋の郷土食なのだ。

食材としてのマダコ

調理法には色々あるが、基本はゆでる。売っているタコもゆでダコが多い。もし生のタコを加熱する場合には、味わいのピークが３回あることを知っておこう。まずはさっと火を通した半生状態。やわらかさと甘味を楽しめる。次は、芯まで火が通りきった状態。歯切れがよく香ばしい。さらにゆっくり長く加熱していくと身がほぐれてくる。これが最後のピークで、煮ダコやおでんはこの状態がおいしい。調味の基本は塩。醤油も旨いが、香りを消すことがある。洒落たければ、ゆでダコをぶつ切りにして塩こしょうし、刻んだ香味野菜とニンニク、オリーブ油で和える。野菜ではセロリとの相性がいいようだ。

マダコのお仲間

イイダコ、ミズダコがいる。能登半島から北の日本海、東北や北海道のタコはミズダコで、世界最大、３ｍ近い大物の記録もある。イイダコは産卵期に胴の中に米粒のような卵を持ち、これまた季節の美味である。

すがすがしきは、夏の白身の青白さよ

スズキ

漁獲の旬
周年

味の旬
夏～秋

向いている調理法

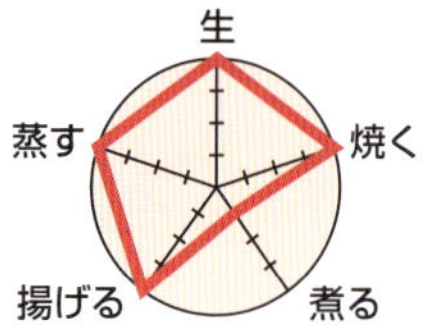

オススメ料理は P.87

銀色で、頭が小さく見える太ったものを選びたい

プロフィール

九州から北日本の沿岸にいて、小魚やエビなどを食っている。開発が進んだ東京湾や大阪湾の湾奥でも極めて元気。体の浸透圧を調整して川にも上る。ただし、卵は浸透圧を調整できないから、産卵は海だ。川のスズキは、アユやボラを食う夏場に多いが、身を守るための粘液が多く、これが独特の青臭さとなる。肉や脂は周囲のエサの匂いに染まりやすいので、餌や棲む場所によって味にばらつきが出る。海のスズキならキリッとした銀色と姿であれば問題はない。ともあれ、古くから夏を代表する白身魚として、洗いなどの料理で親しまれ、特にお江戸では、アナゴと並んで「梅雨の雨を飲んで旨くなる魚」の代表格でござる。

食材としてのスズキ

エサや環境由来の臭みがなければ、締まりのよい、適度なコクを楽しめる。江戸前会席では、筒切りにしたスズキを焼いて骨を抜き、タデ酢で食べたりする。他には、蒸し物、バター焼き、潮汁、各種揚げ物等々、和洋中なんでもよろしいが、煮物はイマイチ。大きいスズキなら、塩鮭ならぬ塩スズキにしてもいい。加熱すると水っぽくなりやすいので、たとえば焼くときは５㎝幅くらいに大きく切れ目を入れて焼けば、余分な水分が切れ目から落ちて香ばしく仕上がる。特記すべきは、皮が香り高い、ということで、たとえば身を多めにつけて皮を５㎝四方に角切りし、鉄板の上で塩・コショウで焼いたものなど、ちょいと気が利いている。

スズキのお仲間　外洋の磯に棲むヒラスズキがおり、文字通り若干幅が広い。あまり獲れないけれど、味は抜群に素晴らしいので冬に見つけたら刺身でぜひ。

初夏の磯の香、皮と脂にあり

イサキ

漁獲の旬
夏

味の旬
夏・冬

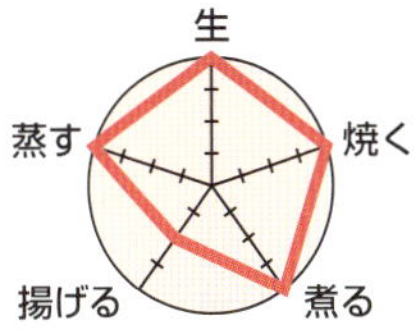

オススメ料理は
P.88～89

初夏のイサキは卵も白子も楽しめるのがウレシイ

プロフィール

「梅雨イサキ」という言葉があるくらい、スズキと並んで初夏においしくなる魚の代表格。夏の産卵に向けて栄養を蓄えるから、肉のみならず、爽やかな深みのある脂を乗せる。産卵に向かうこの時期は真子（卵巣）や白子（精巣）を味わう楽しみもあってか、釣り人の中には、夏になるとイサキばっかり追いかけている人もいるくらいだ。大きくなると、沖合の岩礁地帯に群れ、冬は深みに移動する。というわけで、初夏の魚と呼ばれはするが、実は冬がもうひとつの旬。冬の中・小型のイサキは濃厚な脂を乗せるから忘れずに食べておきたい。そんなイサキの唯一の難点は、骨が硬いこと。いくら旨いからって、大口あけて頬張ってはいけないよ。

食材としてのイサキ

刺身はむろん素晴らしいが、皮に独特の味わいがあるから、焼いた皮ごと刺身にする「焼き切り」（P.88～89参照）をぜひ。余った刺身を醤油漬けにしても、負けない肉の味を持っている。煮つけなら、薄口醤油を使った「沢煮」、あるいは濃口醤油の「甘辛煮」、いずれもよろしい。蒸してもいいし、皮をこんがり焼き上げて、香り高い脂を楽しむ塩焼きもいい。ただし、揚げ物だけはつまらない。せっかくの皮の脂が揚げ油に流失してしまう。食べ終わった後に残る硬い骨は、椀にとり、熱湯をまわしかけて、しばらく置き、塩で調味、ネギを散らした「骨湯」にすると、これはもう、比類なき風雅である。

イサキのお仲間

似た味の魚に、東京の離島・南方系のタカベがいる。これもイサキと並んで、初夏にいい脂を乗せる魚だ。イサキよりも磯の香が強く、個性派好みの方はこちらをどうぞ。

味のよさで暮らしにとけこむ家庭の魚

マアジ

漁獲の旬
春〜夏

味の旬
夏〜冬

向いている調理法

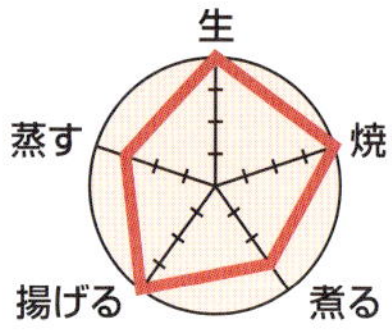

オススメ料理は P.90〜93

黄アジと黒アジ、味わい使い分けるのも楽しかろう

プロフィール

アジの仲間の特徴は、体の横中央から尾にかけて並ぶ一連の刺々しいウロコ、これを「ゼイゴ」と言う。東北から九州までの日本海・太平洋のどちらにもいて食卓でお馴染みなのはマアジだろう。実はこのマアジの中に、どう見ても食っても、黄と黒２つのマアジがいるようなのだ。黄アジは幅広で平べったくてヒレが黄色い。一方、黒アジは幅が狭くてヒレが黒い。肉質は、黄アジは白身に近いけど、黒アジは赤味がかっている。主に黒アジは沖合、黄アジは沿岸の岩礁地帯にいるから、育つうちに分かれたんじゃないかとの説もあるが、DNA を調べてみたら全く同じなんだと。身近なところにこんな謎が残っていること、それが楽しい。

食材としてのマアジ

大衆魚の常として、料理法が多い。青ザカナと呼ばれはしても、実際には特有の脂のクセもなく白身に近い。サイズ･季節･地域によって味わいが変わり、手のひらサイズから大きいものまで、いろんな料理に使える。刺身と塩焼きが多いけれど、揚げたりもする。煮たり蒸したりはあまり聞かないが、むろん旨い。アジは味なりと故人は言った。刺身と干物はアジの個性を味わうには最高の調理。小さいのを刺身にしても、小粒できゅっと甘味が光る。“開き”と言えばアジの干物を指すほどに、家庭の食卓に寄り添っている。ヒレが乾燥せずに濡れていて、体の横に黄色の、背中に褐色の光沢が残っているものを選ぼう。

マアジのお仲間　アジの中でも高級なのは、ヒラアジ系。中でもシマアジは高級スシダネ。２m近くまで育って釣り人に人気のロウニンアジ（Giant trevally：GT）も、この一員だ。

エビっ食いの日本人の食卓の定番

ブラックタイガー

漁獲の旬
冷凍周年

味の旬
冷凍周年

向いている調理法

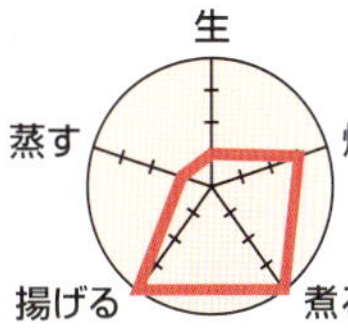

©antpkr/Shutterstock.com

オススメ料理は P.97～98

日本人をここまでエビ好きにしたのは、このエビだろう

プロフィール

エビの種類は非常に多い。海底をはい回る連中、中層を泳ぐもの、プランクトンみたいに表層をふわふわしているもの。でも、スーパーなどで一番手に入れやすいのは、このブラックタイガー。砂地にいるエビだ。ほぼ養殖であり、日本人がマグロと並んでもっとも食べる海産物でもある。ほとんどが東南アジア産で、日本向けのエビを養殖するために干潟のマングローブ林の伐採が進んだといった問題もある。すべからく、ほどほど、がよろしい。冷凍物と解凍物がほとんどではあるが、選び方のコツはある。冷凍ならば殻が乾燥して白くなっていないもの。解凍なら殻が硬い物を選ぶこと。

食材としてのブラックタイガー

この仲間は程よい甘みと肉の香ばしさが特徴だ。ただ、クルマエビに比べると若干その性格が弱い。火を通しすぎると弾力が消えてしまうから、加熱は手早く済まそう。下準備として、背中から包丁を入れて背ワタを取る「背開き」をすると、加熱時にクリンと丸まって味の絡みもよい。長ネギ・ゴマ油・ショウガ・豆板醤なんかで中華風にしてもいい。ニンニクとオリーブ油、鷹の爪なら洋風だね。余った殻や足を捨ててはいけない。軽く炒ったものをアクを取りつつ煮出して、塩と少量の薄口醤油で味つけし、短冊に切ったキャベツを入れてサッと火を通せば香り高いエビスープとなる。

ブラックタイガーのお仲間

食卓に近いという意味では、バナメイエビ、アルゼンチンアカエビ、エンデバーなどが、冷凍で輸入されている。それぞれに味と肉質が違うから、いろいろ試してみると楽しい。まずは塩ゆでにして味をみてみよう。

ニッポンの山・川・海が作る恵みの魚

シロザケ

漁獲の旬
秋

味の旬
初夏・秋

向いている調理法

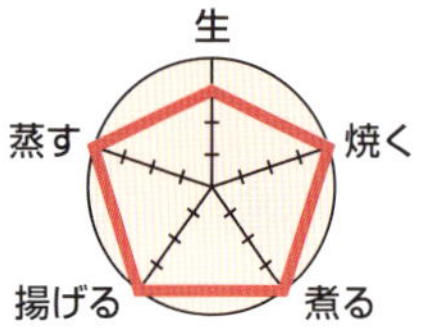

オススメ料理は P.99〜100

銀色のサケもいいが、ブナの木肌色の枯れた味も捨て難し

プロフィール

サケにも色々種類があって、日本にいるサケは、正確にはシロザケだ。主産地は北海道と北日本だが、南限は北九州の遠賀川。上流には「鮭神社」があって、干したサケが御神体になっている。サケは、人間が山と川と海を大切にしていれば毎年必ず戻ってきてくれる、自然界の恵みの最たる魚だ。生まれて川を下り、４年間の旅で成長したサケは、秋に産卵のために川を上り、死んで山河の栄養となる循環だ。最近は川を上る前に獲ってしまうことも多く、減らさないための孵化放流も盛ん。秋サケを別名「秋味」と呼ぶ一方、春に沿岸を回遊するサケを北海道ではトキシラズ、東北ではオオメマスといい、脂が豊富で、人気アリ。多くないので高くはあるが、ぜひいちど。

食材としてのシロザケ

塩焼き、バター焼き、煮つけ。どれも旨い。生のサケは寄生虫がいることがあるので、刺身なら一度凍らせてから切る。これをアイヌ語でルイベと言う。食卓に身近なのは塩鮭だが、昨今は外国産の養殖サケが、やたらと安くて幅を利かすようになった。偏った脂好きは食文化を壊す。そもそも本来の塩ザケとは「山漬け」と言い、木の枠の中に塩をまぶしたサケを山積みにして、数日漬け込んだら天地をひっくり返す、ということを三度繰り返して熟成させたもの。上等なチーズにも似た、濃厚かつ爽やかな風味だ。塩鮭は、そのままスライスして食べてもいいし、マリネにしてもいい。焼くだけが食べ方ではないということ、お知り置きくだされ。

サケのお仲間

日本だと、シロザケ以外に、紅鮭、銀ザケ、マスノスケ、マスが２種類（カラフトマスとサクラマス）。ちなみに、「サーモン」というのは本来サケ科魚類一般のことだけど、今は養殖されたサケ科の魚＝サーモン、という解釈になってしまった。

戦後日本を支えた哀愁の旨し魚

サンマ

漁獲の旬
秋

味の旬
夏〜秋

向いている調理法

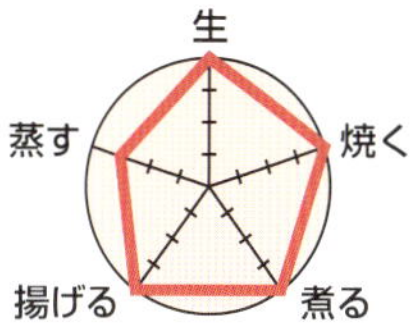

オススメ料理は P.102〜103

クチバシが黄色く小顔なのが旬の姿だ

プロフィール

サンマには、いくつかの群れがあり、太平洋にも日本海にもいる。秋のサンマとくれば、北海道から三陸沖で獲れる脂の乗った、というイメージがある。たしかに毎年ニュースになるくらい、国民的楽しみであり旨い。が、一方、和歌山の姿寿司のように、脂がないサンマの旨さもあるのだ。房総半島や伊豆には脂のない小サンマの丸干し「針子（はりこ）」もある。昭和の映画や文学でも、食卓にサンマが登場することは多い。戦後の日本人を支えた魚のひとつなんだよ。なお、都会の人々がサンマの刺身に目覚めたのは、ここ20年くらいのことだ。冷蔵・冷凍技術の賜物だね。今や沖縄でもサンマ刺が食える。その恩恵の反面、たとえば養殖のマグロやサーモンのような過度の脂に慣れてしまえば、地魚の豊かな味わいを追いやってしまう危険性も忘れてはなるまい。偏った味の支配は、地域の味を壊してしまう。

食材としてのサンマ

８月に生サンマを見かけたら、高くてもいちどは食ってみてほしい。この時期に根室沖で刺し網で獲るサンマは、肩が盛り上がり小顔。頭近くに網の跡をつけているからソレとわかる。北の冷たい海で餌をたっぷり食べている連中だ。やがて三陸沖、銚子と季節と共に太平洋を南下するにつれて脂は落ちていく。スーパーに連日大量のサンマが並ぶのは漁獲の旬。10月をまわると脂乗りの観点では、盛りをちょいと過ぎている。焼く・煮るなら脂乗り、刺身なら脂落ちがいい。背が青くギラギラ輝くものは鮮度もいいが、それほどでなくてもおいしく食べる方法はいくらでもある。下処理して塩を当てておけば、汁にしても焼いても、ゆでてポン酢をかけただけでも旨いことこのうえなし。友人の居酒屋が定番の塩焼き定食から湯煮定食にしたとたん、5倍も売れたというのだから笑いが止まらない。

ありがたき身近な栄養、縄文時代から浜にあり

アサリ

漁獲の旬
春・秋

味の旬
春先と秋口

向いている調理法

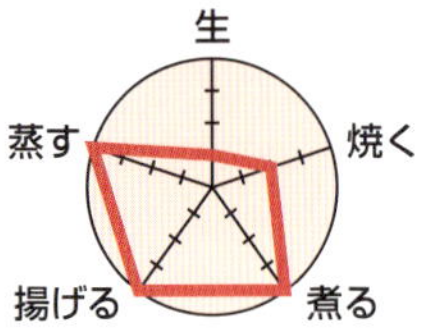

オススメ料理は P.104〜105

その味は春と秋の産卵前にピークを迎える

プロフィール

海の埋め立て続きで棲める場所が減ったとはいえ、九州から北海道までの浅い海でガンバっている。最近は、海に吊るしたカゴ養殖も増えつつある。思い起こせば、阪神・淡路大震災直後の春、堤防が壊れて昔の砂が流れ出してできた一坪ほどの砂浜に、大量のアサリの稚貝が発生したのが懐かしい。つまり、適所さえ得れば、ちゃんと増えてくれるのがアサリという貝なのだ。愛知の海も、土木工事でできた海底の穴を埋め戻した結果、日本最大の産地として復活を遂げた。まことに生き物は正直だ。人間は勝手にいろいろ壊しているが、彼らは条件さえ整えば、黙って滋養に満ちた一杯の味噌汁を恵んでくれるのである。

食材としてのアサリ

味、香り、滋養、価格のバランスがいい万能選手。軟らかい砂地の殻はプックリ丸く、加熱しても身が縮まずに甘味がある。対して砂利混じりの海底では平たくなり、縮みやすいが、いいダシが出る。春の産卵後は身が痩せるから、その前と秋口が旬になる。パックのむきアサリも使いやすく冷凍庫に常備しておくといい。油揚げと煮る、木綿豆腐と炒める、串に通してフライなど、どれも旨い。江戸前ではネギとアサリの味噌汁を飯にぶっかけた深川飯もいい。今は炊き込み飯が多いようだが、本来はこちら。こだわるならば、冷たい汁を熱い白飯にかけること。この温冷のコントラストが味の深みを生むのである。

アサリのお仲間

ハマグリも甘味が強いが、アサリに比べると味は平坦。タウリンたっぷり、個性的な味がじわっと来るのがシジミ。アサリはサイズも味も真ん中という感じで、いかにも常用の食材にふさわしい。

火の通り方で二段階に変化する味わい

スケトウダラ

漁獲の旬
冬〜春

味の旬
夏〜秋

向いている調理法

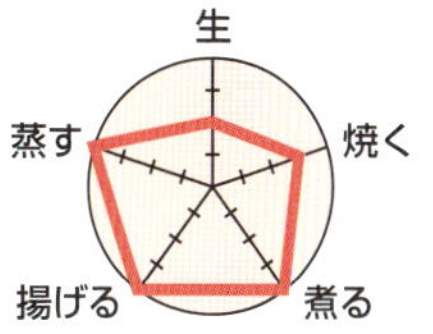

©maruk/amanaimages

オススメ料理は
P.110〜
111

“マダラ模様”の鮮明なのが鮮度の証し

プロフィール

親戚すじのマダラと並んで北関東以北の太平洋、日本海なら中部以北の海の深いところに棲んでいる。大食漢で、およそ口に入る生き物は何でも食ってしまう。スーパーの切り身の常連で、青ザカナに対してコチラは白身の大衆魚と言ってよかろう。中国ではこれをミンタイと呼び、その卵がミンタイの子、それを塩漬けして唐がらし調味液に漬けた九州の宝が「明太子（メンタイコ）」なのである。肉のほうは忘れられがちだが、カマボコなど練り物には欠かせない。一方のマダラも成長が早く大きく育つので、身がたくさんとれるし図体の割には安い。もともと大量に獲れる魚だから、もっとふんだんに使ってやってほしい。

食材としてのスケトウダラ

身がゆるい魚だけれど、塩ダラや干しダラと段階的に加工されて、それぞれたいした旨味がある。生なら「馬の鼻息でも煮える」というほどに火が通りやすく、加熱中に2段階に味が変化する。火が通りきったタイミングでは、身はさっぱりしていて、弾力のある肉質を楽しめる。そしてそのまま煮込んでいくと、身が崩れ始め、香ばしいコクを放つようになる。洋の東西を問わず、ジャガイモと相性がいい。イギリスのフィッシュ＆チップスは揚げたタラとジャガイモだし、京都では干ダラとエビイモを一緒に煮込む「芋ぼう」。淡白のように見えるけど煮込むと強烈なダシが出る。切り身なら、切り口が尖っていて皮のマダラ模様がはっきりしているものを。

スケトウダラのお仲間

スケトウダラと並び知られるのはマダラだけど、まったく別種の「ヒゲダラ」と呼ばれる奴がタラの王様だと言われている。皮をつけたまま厚く切って湯引きにすると、その旨さに驚くだろう。本名を「ヨロイイタチウオ」と言う。

酸味の中に旨味あり、養殖の歴史も長い

ブリ

漁獲の旬
夏〜冬

味の旬
秋〜春

向いている調理法

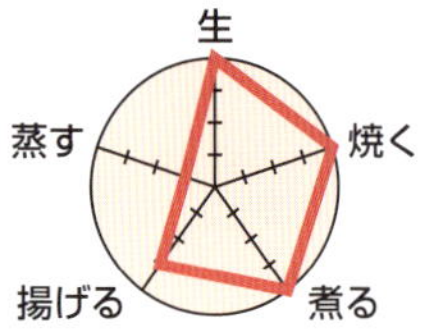

オススメ料理は
P.114

成長に伴い味わいが変わる高級大衆魚

プロフィール

元々は九州から青森までの日本海・太平洋で獲れていたが、最近は北上して、日本最北端の宗谷岬でも秋のサケ網で獲れるようになった。南で生まれ、流れ藻の中で暮らしながら潮に乗って北上し、大きくなるにしたがって深みへと分散していく、というのが生い立ちだ。流れ藻の狭間で暮らす稚魚を「藻ジャコ」と呼び、これを獲って育てるブリ養殖が昭和初期から盛んになった。養殖の常で、最初はよくても皆が大量に育てるものだから、今や生産過剰で品質が低下、肉質が安定しやすいカンパチに需要が移行した。結果、藻ジャコは放っておかれるようになったため、今は全国的にブリが増加傾向にある。経済原理は、いつの時代も自然界あってのことなのだ。

食材としてのブリ

冬に日本海の定置網に入る10キロ超えの「寒ブリ」が有名だが、獲る時・運ぶ時の扱いが悪けりゃダメ。鮮度落ちも早く血生臭いものもあるのでブランドを盲信してはいけない。即殺する活け〆と、生きたまま氷水に放り込む野〆があるが、活け〆のほうが品質はよい。独特の酸味を帯びた味わいは大ブリならではだが、50㎝ほどのブリ（イナダ）はフライにいいし、秋の若々しい脂の乗りも捨てがたい。大根と炊き合せたブリ大根は、肉の香ばしさとダシが利いた傑作であるが、養殖ものだと脂臭くなってしまうので天然がいい。一方、照り焼きなどは養殖のほうが旨いと言われることも事実。エサイワシ臭い昔の養殖からすれば、技術も進歩したのだと感慨深い。

ブリのお仲間

夏から秋にかけては、ヒラマサが旨い。縦の黄色い帯が濃いのが特徴で、ブリより白身系で日持ちもよく、臭みも少ない。あとはカンパチ。養殖でも身持ちがいいので、並レベルの寿司屋には喜ばれている。

滋養に満ちた白身は昔も今も体にやさしい

マコガレイ

漁獲の旬	味の旬
春	夏・冬

向いている調理法

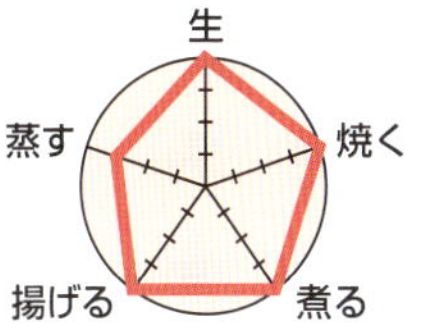

オススメ料理は P.115

上等なマコガレイの刺身はガラス細工のごとし。美しい甘味の持ち主。

プロフィール

振り返ればカレイを食った記憶が少ないことに驚く方々もおられようが、ヒラメも実はカレイの仲間。その他べらぼうに種類が多いのだから、お世話になっていないわけがない、と姿勢を正さざるを得ない。特に種類が多いのは瀬戸内海の他、日本海ないし東北・北海道の太平洋岸、総じて北好みの魚であって、多様な地方の呼び名がある。彼らはすべて、横にした体の片側を海底にくっつけて暮らしているが、稚魚の頃にはちゃんと両側に目があって普通の魚並みに縦に泳いでいることなど、学者でもなければ知る由もなし。腹を手前にした目の位置は、右カレイ・左ヒラメ、と言われているが、中にはヌマガレイのようにほとんどが左側のカレイもいるのです。

食材としてのマコガレイ

東西南北なじみのあるカレイを列挙すると、ヒラメ、イシガレイ、ムシガレイ、アカガレイ、クロウシノシタ、アカシタビラメ、クロガシラ、アサバガレイ、カラスガレイ、ソウハチ、ババガレイ、メイタガレイ、マガレイ、マツカワ、ガンゾウビラメ、そしてここで紹介しているマコガレイてなとこか。この他、今や世界の海から冷凍されたカレイが続々と輸入され、どこかで何らかの料理となって食べられている。国産で新鮮ならばすべて刺身にできるし、焼き物・煮物・揚げ物・蒸し物なんでもいける。カレイ類の食材的特徴はコラーゲン質に富むこと。ゆえに煮汁を冷ませば煮こごりとなる。千切りした長ネギと和がらしを添えればなお旨し。

カレイのお仲間

カレイ類を大別すると、ヒラメの仲間、いわゆるカレイの仲間、シタビラメの仲間。日本で獲れるのは実は120種もあるんだって、ホントかね。ともあれ種の数は味の数。個性豊かなカレイ味を追っかけても楽しかろう。

魅惑たっぷり味と効能、これぞ海からの贈り物

マガキ

漁獲の旬
冬～春

味の旬
冬～春

向いている調理法

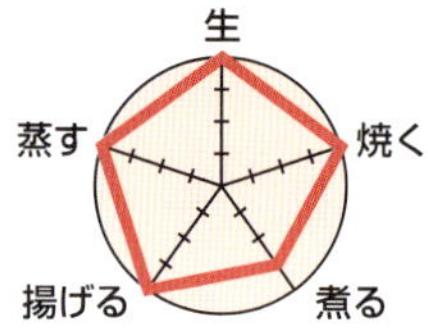

オススメ料理は P.118～119

産地によって変わる味と香りのバランスが引き込まれる魅力

プロフィール

普通の海産物の場合、鮮度が落ちたものが加熱用となるがカキは違う。殺菌海水で一定時間生かしたものが生食用。殺菌してないものが加熱用なのでヨロシク。古くから品種改良が進んでいて全国で養殖されており、いずれも海がきれいで栄養がよいところならどこでも旨い。旨味も香りもさることながら、エネルギー源であるグリコーゲンが豊富な他、滋養強壮のタウリン、そして特に重要なのが亜鉛。人間の子供の味覚形成や男性の精子形成に欠かすことができない成分だ。総じて海の味であり、カキを食うこと、それはすなわち体に海の栄養を取り込むことに他ならない。

食材としてのマガキ

加熱した時に素晴らしいダシが出る。カキ鍋や土手鍋、フライもいいが、野菜蒸し（P.119参照）にすると、少量のカキで大量の野菜が食べられて栄養バランスがよい。生で食べるときは、流水で洗い、水を切ったらレモン汁で和えればさわやかにカキ味を堪能できる。酢醤油でもいいが、ちょいと気どるなら、ケチャップとマヨネーズを２：１で混ぜたものにタバスコを垂らして、スライスしたタマネギを和え、それをカキにちょこっとのせて食べてごらんなさい。西洋好きは、ワインをくれと叫ぶこととなろう。なお、むき身を一晩、ひたひたの日本酒に浸しておけばクセが消え、加熱しても身が縮まない。

カキのお仲間

一般的には冬はマガキ、夏はイワガキが旨い。マガキの味のピークは２、３月だけれど、それを過ぎるころにはイワガキが太ってくる。マガキは生なら小粒、加熱するなら大粒を選び、イワガキは、その逆だ。

5章 春夏秋冬、この魚のこの逸品

ここに並べたのは、魚の個性がわかるもの。
かつ、お酒の肴にも家庭の惣菜にもなるもの。
そしてちょっとだけ、スペシャルなもの。
ここから魚の“個性”と料理の“しくみ”を体得してほしい。

塩イワシ

塩とイワシだけの簡単保存食だけれど、ゆでてよし焼いてよしの便利な一品だ。
塩の脱水効果により、冷蔵庫で４～５日は持つよ。

●材料（２人前）

マイワシ…………………… ４尾
塩………………………… ひとつかみ

この魚でも旨い！
小型の魚ならなんでもいい。アジやサバ、イシモチ、切り身ならスズキ、サワラ、サケでもいい。

1 下処理したイワシをボウルに入れ、ひとつかみの塩をまぶし、30分ほど置く。

10分もすると水分がしみ出してくる

2 塩粒を洗い落とし、５分ほど流水にさらしておく。

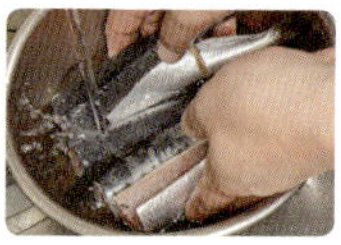

さらすうちに、水が澄んでくる

3 水をよく拭き取り、キッチンペーパーを敷いた保存容器に並べて冷蔵庫へ。グリルでそのまま焼くほか、ゆでてもよい。

腹を下にして詰めていく

塩イワシを焼いて、
ふかしたサツマイモと食べてみて！
戦後の日本を支えてきた旨さです。

ホウボウの湯引き和え

ホウボウの肉は弾力がいい。皮の味もいいので、刺身ではなく、皮ごと「湯引き」にするとバッチリと旨い。

●材料（2人前）

ホウボウ…………………… 1匹
長ネギ……………………… 5分の1本
酒…………………………… おちょこ半分
A ┌薄口醤油…………… 半カップ
 └レモン汁…………… 2分の1個分
ミリン……………………… 適量
一味唐がらし……………… 適量
ゴマ油……………………… 適量

この魚でも旨い！
コチや新鮮なマダイでもいい。鮮度が命だ。

1 ハサミでホウボウのヒレを切り落とし、ステンウールでなでるようにしてウロコを落とす。

2 包丁で頭を落として腹を開き、内臓を除き、歯ブラシで中を洗った後、水気を拭く。

頭と一緒にワタも引き出す

3 ホウボウの背から刃を入れて、3枚におろし、ぶつ切りにする。フライパンに湯を沸かし、沸騰したら酒を加え、再沸騰したら身を入れる。表面が白くなったらザルにあげ、氷水で冷やした後、水気を拭く。

表面がさっと白くなったらザルにあげる

4 ボウルにAを入れ、味をみながら塩気と酸味がまろやかになるまで、少しずつミリンを加える。ホウボウをボウルに入れ、2、3回かき混ぜ、20分ほど漬けた後、冷蔵庫でよく冷やす。

ネギは最後に和える

5 余分な汁を切って一味唐がらし、ゴマ油をかけ、最後にきざんだネギと和える。

淡白な魚料理の要は調味料。
コクが欲しいときは少量の油を入れてみよう。
このレモン醤油は鍋のつけダレに万能だよ。

サクラエビの姿炒り

春と秋にとれるサクラエビのおいしさを純粋に味わえるのがこの料理。
皿から立ち上るエビの香ばしさとレモン、コショウの香りが春風を連想させる一品だ。

●材料（1人前）

サクラエビ………………片手にひとすくい
レモン……………………４分の１個
粗挽き黒コショウ………適量

この魚でも旨い！
皮の柔らかい小型のエビならなんでもいい。シラスでも最高にいける。

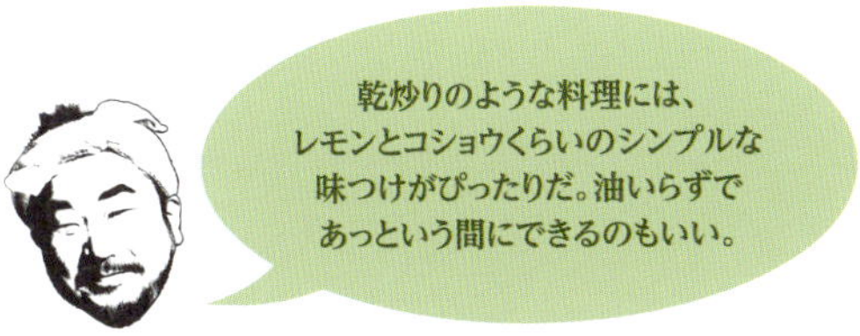

乾炒りのような料理には、
レモンとコショウくらいのシンプルな
味つけがぴったりだ。油いらずで
あっという間にできるのもいい。

1 レモンは横から見てＸ字型に切ると、隅々まで搾ることができる。

Ｘ字型に切れば搾ったときに汁がとばず、レモンの皮の苦みが汁に入らない

2 フライパンを中火で温め、サクラエビを入れる。揺すりながら炒る。身が崩れないように、箸でふわっと軽く返しながら水分をとばす。

エビが白くさらっとしてくる。炒りすぎに注意

3 エビのひげが焦げて、香りが立ったらできあがり。すばやく皿に移したらレモンを搾り、コショウを振る。

メバルの沖縄流塩煮

**沖縄で、獲った魚を海水で煮たのが塩煮の原型。
原始的な調理法のひとつだけれど、味は上々。魚の個性が引き立つ。**

●材料（1人前）

メバル……………………… 1尾
長ネギ……………………… 2分の1本
サラダ油…………………少々
酒…………………………適量
A［塩……………………適量
　 水……………………ボウル半分
薄口醤油…………………少々
ミリン……………………少々

この魚でも旨い！
カサゴやメジナ等の磯魚の他、コラーゲン質の多いカレイやスズキでも合う。

1 ネギを4㎝ほどの長さに切る。メバルのウロコを取り、ワタを取り出し、歯ブラシで中をよく洗う。メバルの肩から斜めの切り込みを両面に入れる。

切れ込みにより、火が通りやすくなる

2 フライパンにサラダ油を敷いて熱し、中火でメバルを頭左・腹手前として焼く。フライパンを動かしつつ、皮がキツネ色になったらメバルを裏返しネギを入れ、ネギに焼き目がつくまで焼く。

3 メバルをもう一度ひっくり返し、メバルの4分の1の高さまで酒を注ぎ、強火にして蓋をする。メバルの目玉が白くなったら、蓋を取り、アルコール分をとばす。

4 塩の強いすまし汁程度に加減したAをメバルの半分の高さまで注ぐ。ふつふつわいてきたら、アクをとり、醤油とミリンで味をととのえる。煮汁を繰り返しかけつつ、身が割れてくるまで煮る。

切り目の肉が大きく割れてきたら頃合い

塩煮は醤油煮とは違う。
魚味の真実が味わえる上、
野菜とも合わせやすいのがウレシイ。

シラスの菜っ葉炒り

シラスと菜っ葉の炒り物は、冷蔵庫に常備しておきたい完全栄養食だ。ご飯にかけてもいいし、湯を注げば汁になる。炊き飯の具としても使えるよ。

●材料（3人前）

シラス……………………………ひとにぎり
小松菜……………………………１把
サラダ油又はゴマ油…………少々
酒…………………………………大さじ１
醤油………………………………少々
炒りゴマ…………………………少々
ニンジンの千切り……………好みで適量

この魚でも旨い！
小松菜の代わりに、大根やカブの葉を使うと大人の味になる。サクラエビを使ってもよい。

1 小松菜の茎は１㎝程度に切り、葉は細かくきざむ。シラスをフライパンに入れ、油をたらし、弱めの中火で炒る。

2 水分がとんで、シラスが油ではぜるくらいまで炒りつける。火が強いと焦げるため注意する。

キツネ色になり、香ばしくなるまで炒める

3 シラスが香ばしくなったら小松菜を入れ、木べらで一気にかき回す。好みでニンジンの千切りを入れてもよい。音が静かになったら、火を強め、酒、醤油を加える。

4 フライパンをゆすりながら水分をとばす。だんだん香ばしい香りがし、全体がさらっとしてきたら炒りゴマを混ぜて完成。

シラスの香が移った
小松菜が、実に旨い。
もっと素材の味を楽しみたいなら、
醤油は入れなくてもいい。

サワラの炊かず飯

塩、酒、醤油だけで作る生魚の混ぜ飯だけど、ちゃんと加熱されている。炊き込み飯と違って、翌日にぎり飯にしても生臭みがないのがウレシイね。

●材料（4人前）

サワラの切り身………… 1切れ
米………………………… 2合
塩………………………… 適量
酒………………………… 大さじ2
三つ葉（大葉でも）……… 適量
薄口醤油………………… 風味づけ程度

この魚でも旨い！
マグロの筋が多いところや、イワシ、サバ、サケ、それにタイやキンメ等、コクのある魚ならなんでもOK。

1 サワラの身はやわらかいため、皮を下にし、身を皮から削り取る。皮をつけたまままきざんでもおいしい。

皮を下にして皮から身をそぎ取る

2 サワラを粗くみじん切りにし、ボウルに入れる。塩と酒を加えて混ぜ、干物くらいの塩加減にする。

火を通りやすくするため、みじん切りにする

3 米を固めの加減で炊く。炊きあがったら **2** を混ぜ込んで蓋をして3分蒸らす。三つ葉を5㎜幅に切り、混ぜ込んで再び蓋をして1分置く。味見をしつつ、薄口醤油を風味づけ程度に加えたら完成。

魚に醤油もいいけれど、味つけの基本は塩。塩と酒のバランスで旨みを作ってみよう。保温したままだと味が悪くなるので注意。

シャコそうめん

**なぜだろう、見た目の悪いエビの仲間ほどいいダシが出る。
ホントは殻つきがいいけれど、ゆでたシャコでも十分だ。**

●材料（3人前）

シャコ……………………10尾前後
そうめん…………………300g
万能ネギ…………………２分の１束
水…………………………360cc
酒…………………………180cc
醤油………………………180cc
ミリン……………………適量

この魚でも旨い！
頭のついたエビならなんでもいいダシが取れるよ。贅沢だけど、イセエビそうめんは最高。ビビらないでやってみな。

最初からしっかり味つけし、
シャコのダシを引き出すのがコツだ。

1 酒を倍量の水で割り、鍋に入れて沸騰させる。醤油とミリンを加え、蕎麦つゆほどの甘辛さになるよう調節する。煮立ったらシャコを入れる。

2 ひと煮立ちしてアクを取ったら弱火にして５分ほど煮る。

濃い目で甘辛の味つけにする

3 火を消し、自然に冷ます。シャコは別の皿に移し、つゆは冷蔵庫で冷やす。固めにゆで上げたそうめんを流水で締め、水をよく切っておく。ネギを５㎝の長さに切る。

水を替えながら磨くようによく洗う

4 器にそうめんを盛り、冷蔵庫で冷やしたつゆをかけ、シャコとネギを添える。

イカ納豆

納豆の匂いが好きになれない人も、これなら結構イケると思う。酒にも飯にも合うし、冷蔵庫で３日くらいは置いておける。

●材料（３人前）

イカ	１パイ	カイワレ	２分の１把
ひきわり納豆	２パック	醤油	大さじ２
長ネギ	２分の１本	和がらし	親指くらい

1 皮をむいたイカを包丁の先の方で細く切る。イカの繊維は横方向に通っているため、まずは５㎝ほどの幅で横に切り、次に縦に切っていけばよい。

イカは雑菌が増えやすいので、あまり空気に触れさせないよう素早く調理する

2 ネギの芯を除き、輪切りにする。ボウルに醤油と和がらしを溶き入れ、イカとネギを加え混ぜる。

3 納豆を加え、ざく切りにしたカイワレを入れて和える。

カイワレは最後に入れるのがよい

この魚でも旨い！

イカは種類によって味と食感が違う。この料理にはヤリイカが合うが、スルメイカやケンサキイカを細く切ってもいい。

和え物は和える順番によって味が変わる。カイワレを最後に入れることで、なめらかなイカ納豆に変化が生まれる。

カツオのつかんまぜ

**同じ材料でも、混ぜ方や素材の形で味も変わる。
刺身と同じ材料でも、ちぎって入れてつかんで混ぜる、次元の違う漁師の料理だ。**

●材料（3人前）

カツオ……………………… 1サク
大根………………………… 2分の1本
塩…………………………… ひとつまみ
酢…………………………… 適量

この魚でも旨い！
アジやイワシなどの刺身で作っても旨い。野菜は、カイワレやタマネギ、きざんだショウガも合う。

1 皮をむいた大根を板状に縦に切り、その後千切りにする。

ピーラーを使ってもよい

2 大きなボウルに **1** を入れる。カツオのサクをすばやく水で洗い、水気を拭き取る。一口サイズ弱の大きさになるように手でちぎり、ボウルに入れる。崩れても構わない。

包丁で切るよりも、手でちぎるほうが味がなじみやすい

3 大根と塩を加え、大根がしんなりするまで、手でふわっと混ぜる。ボウルを一周するように、酢をかけ回して軽く混ぜたら完成。

包丁でぶつ切りにしてもいいけれど、
手でちぎるだけで味のなじみが全然違う。
料理は触る感覚も大切に。

カサゴの味噌汁

**カサゴが丸ごと入った味噌汁は、長崎の浜の祝いの膳。
専用の椀があるのは、姿と味の見事さゆえだ。**

●材料（1人前）

カサゴ…………………やや小ぶりのもの1匹
味噌……………………適量
昆布……………………適量
醤油……………………適量
万能ネギ………………適量

この魚でも旨い！
カワハギ、マダイのアラなど、白身の身が固めでコクがある魚ならなんでもいける。

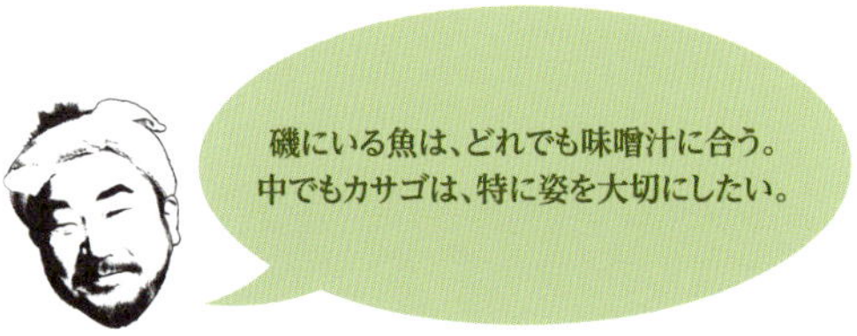

磯にいる魚は、どれでも味噌汁に合う。
中でもカサゴは、特に姿を大切にしたい。

1 カサゴの脇腹から刃を入れ、エラと内臓をかき出す。腹の真ん中から刃を入れると、身が崩れるので注意する。内臓を取った箇所を指で開き、中を歯ブラシで水洗いする。片面に斜めに飾り包丁を入れる。

カサゴに、斜めに飾り包丁を入れる

2 水の入った鍋に昆布を入れ、沸かす。煮立つ前に昆布を取り除く。沸騰したらカサゴの切れ込みの入った表側を下向きに入れ、すぐに裏返す。このようにすると体が曲がらない。

カサゴの表を下にして鍋に入れ、数秒で裏返す

3 アクを取りつつ煮る。10分ほどでアクが出切り、つゆが透明になったら弱火にして味噌を薄めに溶き、醤油で味をととのえる。

4 器に盛り、1㎝の長さにきざんだネギを散らして完成。

タチウオの酒塩干し

タチウオは旨いが、骨が多い。
身だけをバックリ味わう幸せを噛みしめてごらん。

●材料（4人前）

タチウオ…………………1尾
水…………………………ボウル1杯
塩…………………………ひとにぎり
酒…………………………180cc
わさび……………………適量

この魚でも旨い！
スズキやイボダイ、チダイなどの白身もいいね。

1 塩ひとにぎりをボウルの水に溶かして、海水くらいの塩水を作り、酒を加える。

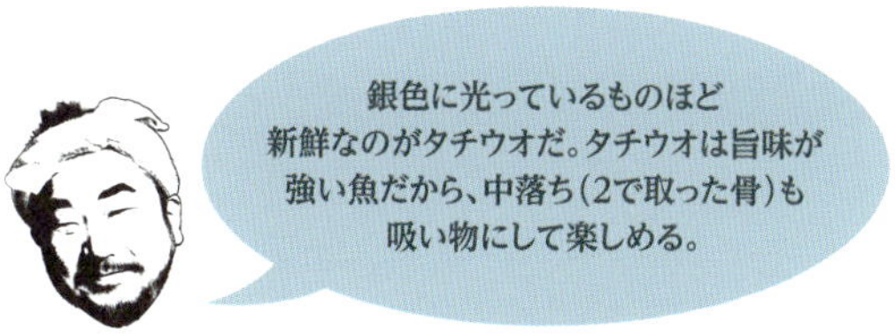

銀色に光っているものほど新鮮なのがタチウオだ。タチウオは旨味が強い魚だから、中落ち（2で取った骨）も吸い物にして楽しめる。

2 タチウオのヒレをハサミで切り取り、頭と尻尾を切り落とす。そのまま身を10㎝幅にぶつ切り、背中側から刃を入れて背開きにし、骨を外す。内臓は骨を外す時につかみ取る。

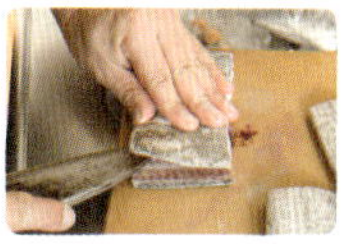
両側を背中側から開いていく

3 **2**を水洗いし、ざるにあげ、**1**のボウルに入れ、身に透明感が出るまで、30分ほど漬ける。風通しのいい日陰で干す。

タチウオをネットの中で干す。ネットは百円ショップなどで買える

4 気温28度以下なら、外で干す。それ以上の気温ならば屋内で、扇風機で風を当てつつ干す。身の表面がさらっとして、透明感が出たら、完成。グリルの中火で軽く焦げ目がつくくらいあぶり、わさびを添える。

ゴマサバの棒タツタ揚げ

一番のポイントは、切り方。そして、ドライイーストが保湿性を高めるので、冷めてもしっとり旨い。翌日の弁当にも最適だ。

●材料（3人前）

ゴマサバ…………………………1尾
片栗粉…………………………適量
長ネギ…………………………2分の1本
サラダ油………………………適量
A　醤油…………………………90cc
　　酒……………………………90cc
　　ミリン………………………少々
　　ドライイースト…………小さじ半分

この魚でも旨い！
どの魚でも大丈夫。ただし、棒型に切ることを忘れずに。

1 三枚におろしたサバの血合い骨を切り取り、タテに幅2㎝ほどに切り、それを5㎝ほどの棒状に切っていく。

2 混ぜ合わせたAにサバを10分ほど漬ける。

棒状に切る

少ない油で作れば、揚げ物は簡単。
油が足りなくなったら、順次足せばいい。
フライパンの直径は、
20㎝くらいが使いやすい。

3 サバをザルにあげてタレを切り、ボウルに入れる。片栗粉をまぶし、ボウルごとゆする。表面がしっとりしたら、もう一度粉をつける。

2度づけすることで、サクッと揚がる

4 小さなフライパンに1㎝ほど油を入れ、170℃前後で揚げる。

中まで火が通り、水分が出なくなると音が静かになる

5 返しながら揚げ、キツネ色になったら新聞紙とキッチンペーパーを敷いたボウルの内側にたてかけるように並べて油を切る。皿に盛り、長ネギの千切りを添える。

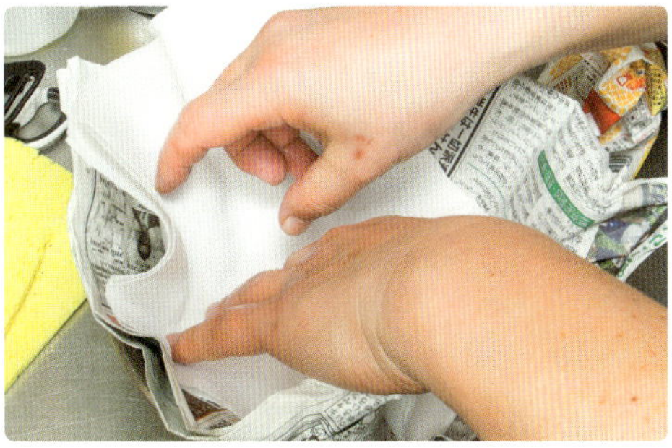

ボウルに新聞紙を押しつけ、その上にキッチンペーパーを敷く

とろっと甘い、と、しゃっきり香ばしい ゆでダコ２種

**生のタコを料理する機会は少ないが、見つけたら挑戦する価値あり。
一度冷凍するか、そのままゆでるかで旨さの質が違う。頭も同様に食べられる。**

●材料（3人前）

マダコ……………… 1匹
番茶…………………ひとつかみ
醤油…………………50cc
塩……………………ひとつかみとひとつまみ
黒コショウ…………少々
わさび………………少々

食感が全然違うだろう?
冷凍すると、細胞が破壊されて
ふにゃふにゃになるからだよ。

1 タコの頭を裏返しにし、ワタをとり元に戻す。ボウルの中で何度も揉み、最後に塩ひとつかみで揉んで流水で洗う。足のうち４本を切り、それを固くなるまで１時間ほど冷凍する。

2 鍋に湯を沸かし、番茶と醤油を入れる。凍らせていない残りの足４本を投入し、火の通り具合を見つつ10分〜15分ゆでる。ゆであがったら、塩をひとつまみ入れた氷水できっちり冷やして引き上げる。

沸騰手前をキープして10分を目安とし、以後1分ごとに箸を刺し、プツンと通るようになったらゆで上がり

3 同じ鍋に**1**で冷凍した足を入れ、１分ほどで引き上げる。氷水で冷やし、すぐに引き上げる。

4 **2**と**3**のタコをそれぞれ切りつけ、黒コショウかわさび醤油で食べる。

食感の違いがわかるよう、切り方を変える

スズキの正統カルパッチョ

最近はどこでもカルパッチョ流行りだけど、ほとんどが刺身のサラダになってしまっている。この料理にはちゃんとしたしくみがあることをわかってほしい。

●材料（3人前）

刺身用スズキの切り身………1サク
タマネギ…………………………2分の1個
カイワレ…………………………2分の1把
塩…………………………………適量
レモン汁…………………………2分の1個分
粗びきコショウ…………………適量
オリーブ油………………………適量

この魚でも旨い！
刺身で食える魚は何でもOK。

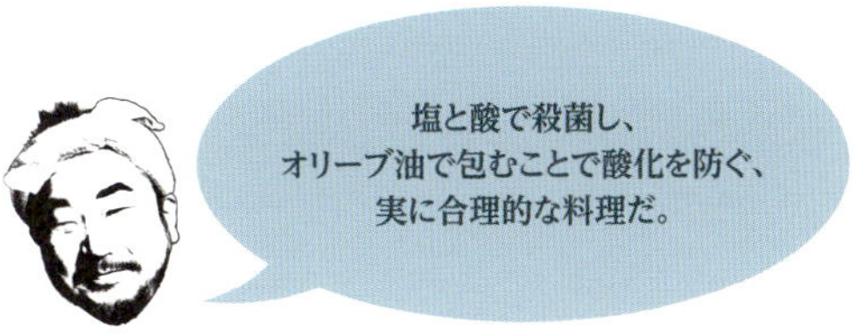

塩と酸で殺菌し、
オリーブ油で包むことで酸化を防ぐ、
実に合理的な料理だ。

1 スズキのサクに塩をまぶし、10分ほど置いておく。水で洗い、よく拭く。水にさらして水気をよくとったタマネギの薄切りを皿に敷き詰める。スズキを斜めにそぎ切りし、その上に並べる。

スズキをタマネギの上に並べていく

2 レモン汁、粗びきコショウ、オリーブ油の順にかけまわし、カイワレを散らして完成。

イサキの焼き切り

磯魚の香りを嫌う人も多いけれど、その味は濃い。
ひとたび皮をあぶって刺身にすれば、焼き切りの境地が待っている。

材料（3人前）

中型のイサキ…………………… 1尾
大葉……………………………… 適量
カイワレ………………………… 適量
粗塩……………………………… ひとつまみ
醤油……………………………… 好みで

この魚でも旨い！
魚の皮をおいしく食べる料理だ。皮に厚みと味のあるスズキ、イシダイ、マダイ、メジナなどがいいね。

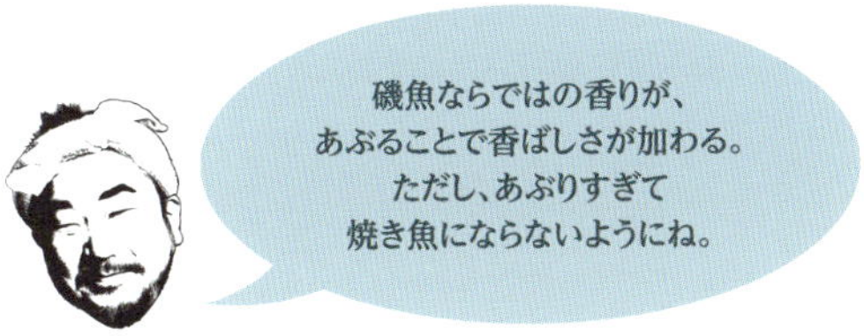

磯魚ならではの香りが、
あぶることで香ばしさが加わる。
ただし、あぶりすぎて
焼き魚にならないようにね。

1 3枚におろした皮つきの身に串を打ち、皮側に塩を振り、直火であぶる。皮の側は20秒ほど、身の側は2、3秒ほど。

切り身に鉄の串を通し、直火で表裏をあぶる

2 キッチンペーパーでくるみ、冷蔵庫で1時間ほど冷やす。水っぽくなるので、氷水等にはつけないこと。冷やしたら、1㎝ほどの幅に切る。大葉は細切りにする。

イサキを1㎝の幅に切り、皿に盛る

3 イサキを皿に並べ、大葉を散らし、カイワレを添える。好みで醤油につけて食べてもよい。

アジの房総流4段活用

たたき

まずはお馴染み、アジのたたき。これだけで十分旨いけれど、芋ヅル式にいろんな料理に化けるので、多めに作ってしまってよろしい。

●材料（3人前）

アジ（中型）……2尾
A ショウガ……1つ
A 大葉……5枚
A 万能ネギ……5本
醤油……適量

＊なめろう、山家焼き、水なますも作る場合、材料はアジ8尾分必要となる。

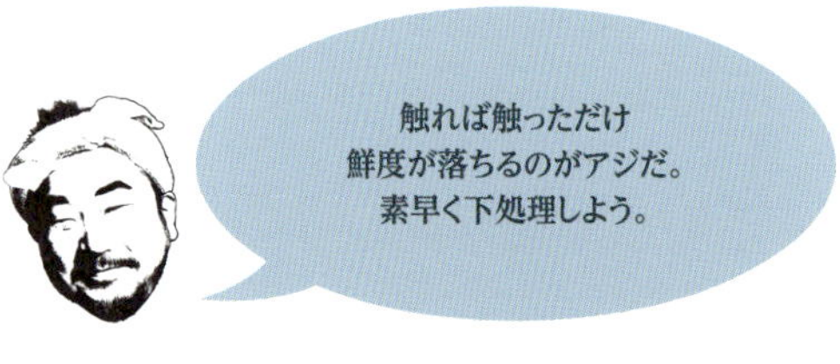

触れば触っただけ
鮮度が落ちるのがアジだ。
素早く下処理しよう。

1 Aをそれぞれみじん切りにして混ぜる。中～小型の場合は包丁を使わずに、アジの首元から、エラと内臓をちぎりとる（P.32参照）。

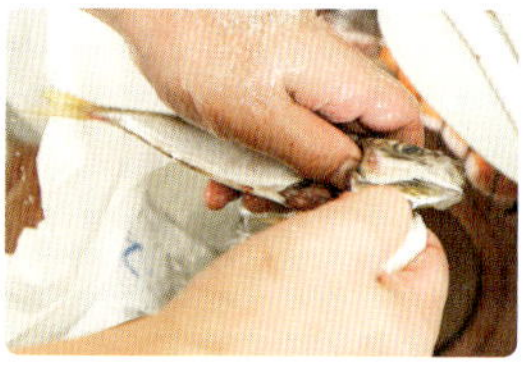
エラと内臓をあわせてちぎる

2 アジを水洗いして両面の皮をむき、尾から刃を入れて身を切りとる。

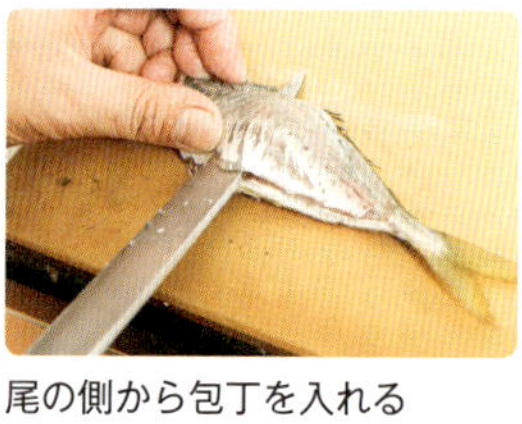
尾の側から包丁を入れる

3 **2**を細かくきざみ、Aとまぜて、包丁でたたく。粘りが出るまではたたかないこと。醤油をかけて食べる。

たたきに味噌を合わせた「なめろう」。それを焼いた「山家焼き」。そして「水なます」。
アジの旨みを堪能するバリエーションをご紹介。

なめろう

アジのたたきにちょっと手を加えるだけで、あっというまになめろうになる。白メシで頬張る、船上の“沖料理”だ。

●材料（3人前）

アジのたたき……………２尾分
味噌………………………大さじ1

1 アジのたたきに味噌を加え、さらにたたく。

少し粘りが出るまでたたく

2 粘りが出たら、皿になでつけ、包丁で格子状の模様をつける。

3 5、6分後、表面がやや白くなったら食べごろ。

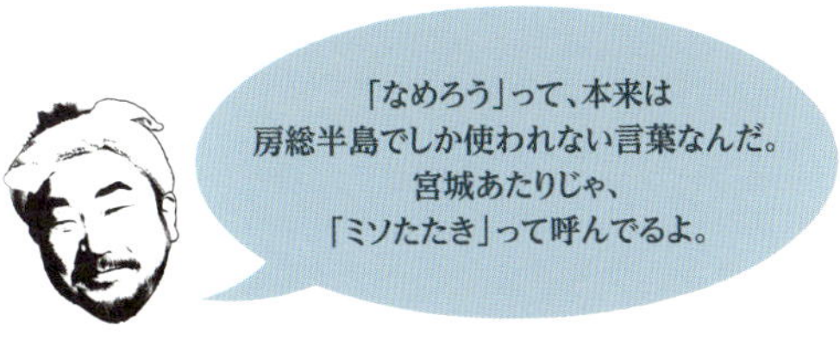

「なめろう」って、本来は
房総半島でしか使われない言葉なんだ。
宮城あたりじゃ、
「ミソたたき」って呼んでるよ。

アジの房総流４段活用

山家（さんが）焼き

さあ、お次はなめろうを焼いてみよう。
本来は、船で余ったなめろうを浜の板切れに塗りつけてたき火で焼いた、“浜料理”だよ。

●材料（3人前）

なめろう…………………… ２尾分
大葉……………………… 数枚
サラダ油………………… 適量

1 なめろうをピンポン玉大にしたものを大葉の上にのせて平たく押す。

2 フライパンにサラダ油を熱し、大葉側から中火で焼く。

3 大葉側に軽く焼き目がついたら、裏返して軽く焼き目がつくまで焼く。火を完全に通さなくてもよい。

裏返しつつ、両面を焼く

元々は浜で拾った板切れに
塗りつけたなめろうをたき火の“オキ”に
のせて焼いたのが、この料理。
色々な焼け具合を楽しむものだよ。

水なます

**暑い夏は、なめろうから“水なます”へ直行。
香味野菜の香りと水で締まった身の甘味、そして喉越しが涼しい。**

●材料（3人前）

なめろう…………………… 2尾分
水………………………… 椀に3杯分
氷………………………… ひとつかみ
味噌……………………… 大さじ1

1 なめろうをボウルに入れ、水を注ぐ。氷も入れて混ぜる。

2 1に味噌を溶いて味をととのえる。椀に注いで、すする。

氷水で溶いたなめろうに味噌を加える

アジのたたきはここに行きつく。
そのまま飲んでもいいし、
飯にぶっかけても爽やかだ。

ケンサキイカの煮和えなます

**濃厚な甘みたっぷりのケンサキイカは、
あっさりとしたショウガ醤油でやるのがよい。**

●材料（2人前）

ケンサキイカ…………… 1パイ
長ネギ…………………… 4分の1本
ショウガ………………… 1個
醤油……………………… 適量
塩………………………… ひとつまみ

この魚でも旨い！
むろん、他のイカを使っても旨い。味の違いを楽しむことができる。

1 イカは足ごとワタと骨を引き抜き、よく水洗いする。身を輪切りにし、ゲソはぶつ切りにする。

2 ネギをみじん切りにし、ショウガはすりおろす。いずれもボウルに入れる。

ネギは芯を抜いておくと風味がよい

3 鍋に湯を沸かし、塩をひとつまみ入れる。イカを入れ、30秒ほどゆで、ザルに上げる。

4 **3**を**2**に入れ、熱いうちに素早く和える。

熱でネギがしんなりとしてくる

5 皿に盛り、醤油をかけまわして完成。冷やしてもおいしい。

イカの調理は速さが肝心。
薬味をあらかじめ準備して、
イカがゆであがったらすぐに和えられる
体制を作っておこう。

ホヤ丼

**好みがわかれるホヤなれど、
海苔の風味と飯が合わされば万人好みの味になる。**

●材料（3人前）

ホヤ…………………………………1個
米……………………………………2合
キュウリ……………………………1本
塩……………………………………ひとつまみ
A［醤油……………………………大さじ2
　 酢………………………………大さじ4
コチュジャン又は豆板醤…………好みで適量
焼きのり……………………………少々

この魚でも旨い！
アオヤギ（バカ貝）、ホッキ貝等でもいい。赤貝でも旨いけど高級すぎるかな？

**夏が旬のホヤは、
東北の珍味としても有名だ。
「ホヤ水」でよく洗うことが、
生臭さを抜くコツだよ。**

1 ハサミでホヤの「＋」形になっている口から殻を切り、中から出てくる水（ホヤ水）をボウルに貯める。

ホヤの両端は－の形になっている側と＋の形になっている側がある。＋側を切る

2 ホヤを半分に切り、中身を出す。黒いハラワタを切って捨てる。細く切り、**1**のボウルのホヤ水に浸しておく。

黒い部分がハラワタ。ここだけを捨てる

3 キュウリを縦に切り、スプーンの先で中の柔らかい部分をそぎ落とす。斜めに薄切りにし、塩ひとつまみを振り、揉んで、しんなりしたら水で洗い、絞る。

4 **2**のホヤをザルにあげ、水を切る。ボウルにホヤと**3**を入れ、Aと和える。そのまま20分漬けた後、ザルにあげ、汁気を切る。固めに炊いたどんぶり飯にのせ、好みでコチュジャンか豆板醤を添え、焼きのりをもんで振りかける。

タイのかぶと焼き

**大きな頭が手に入ったら、シンプルに塩で焼いてみよう。
どんなタイでも頭だけは裏切らない。**

●材料（1人前）

マダイの頭……………… 1つ（半割り）
塩…………………………適量

この魚でも旨い！
タイじゃなくても構わない。頭の大きい魚ならば、なんでもできる。

小さい頭ならダシをとる、
大きければ焼くか煮て食う。
全身食べられるのが魚の魅力なんだ。

1 手のひらに少量の塩をつけ、タイの頭にまんべんなく当てていく。

手に塩をつけ、なでつけるように塩を当てる

2 1の塩が馴染んだら、今度は上から振りかけるように再度、軽く塩をする。

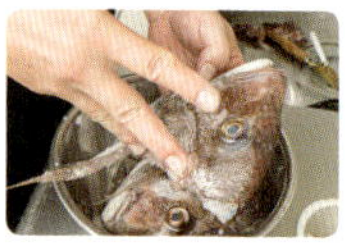

塩を軽く振りかける

3 頭の内側を上にして焼く。5～10分ほど焼き、軽く焦げ目がついたら裏返し、2、3分ほど焼き上げる。

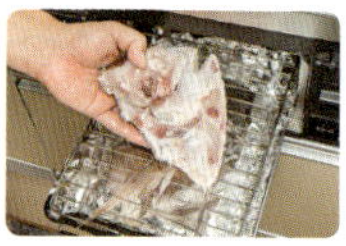

ひっくり返すときに、崩さないよう注意する

エビの大黒煮

**有明のほうに、黒糖でワタリガニを煮る料理がある。
黒糖ならではのコクがエビとも合う。**

●材料（3人前）

ブラックタイガー
（冷凍・殻つき）……………… 9尾
鷹の爪……………………………… 好みで適量
サラダ油…………………………… 少々

A	酒	90cc
	味噌	大さじ1
	黒砂糖	少々
	醤油	少々

この魚でも旨い！
甲殻類ならなんでもおいしくできるよ。

1 流水で解凍したブラックタイガーを背開きにし、背ワタをとる。

殻が付いたまま包丁を入れて背開きにして、背ワタをとる

2 フライパンにサラダ油を熱し、好みで鷹の爪を入れる。1を入れ、殻が赤くなる程度に中火で焼いて香ばしさを出す。

3 2にAを上から順番に入れ、混ぜながら炒め、汁気をとばす。

調味料を順番に入れ、炒めていく。醤油が最後

エビを選ぶときは肉の断面をよく見よう。白くふやけたり、乾いている感じがするものは、避けたほうがいい。

エビのニンニク炒め

**和風ともイタリアンともつかない、
独特の風味はミリンによって生まれるのだ。**

●材料（3人前）

ブラックタイガー
（冷凍・殻つき）……………… 9尾
万能ネギ…………………………2分の1束
ニンニク…………………………一片
オリーブ油………………………少々
A［コショウ……………………少々
白ワイン…………………………90cc
ミリン……………………………少々
醤油………………………………少々］

この魚でも旨い！
エビだけでなく、イカで作ってもおいしい一品だ。

白ワインとオリーブ油が洋風のキモ。
日本酒とサラダ油なら和風になるよ。

1 流水で解凍したブラックタイガーを背開きにし、背ワタをとる（前ページ参照）。ネギを5㎝ほどに切る。

2 フライパンにオリーブ油を注ぎ、みじん切りにしたニンニクを弱火で炒めて香りを出す。中火にし、エビを加えて1分ほど炒める。

3 2にAを上から順番に加え、アルコール分がとんだらネギを加え、混ぜて火を止めたら完成。

ネギは最後に入れる

サケのちゃんちゃ焼き

北国の漁師が浜で、トタン板にバターとサケとちぎりキャベツをのせて焼く浜料理だ。焼けたところから、めいめいが勝手に崩しながら食う。

●材料（3人前）

サケ（切り身）	2切れ
キャベツ	4分の1玉
タマネギ	2分の1個
ニンジン	1本
ピーマン	1個
エノキ	2分の1把
シメジ	2分の1把
長ネギ	2分の1本
バター	キャラメル大2個分
サラダ油	少々
A 味噌	大さじ2
A ミリン	少々
A 七味唐がらし	少々

この魚でも旨い！
マスの仲間、あとはサワラやブリ、タラなど大きな切り身がとれる魚ならなんでもいい。

1 キャベツとタマネギは粗く切り、ニンジンとピーマンは千切りにする。エノキとシメジはほぐす。

2 Aに5㎜幅に切ったネギを加え、よく混ぜておく。

3 フライパンにサラダ油を熱し、サケを入れ、強火で①身側をさっと、②皮側を焦げ目がつく程度焼き、③身側に戻す。

強めに焼く

4 中火にし、サケの上に野菜をのせ、真ん中にバターをのせる。2を散らし置き、蓋をして、10分ほど蒸し焼きにする。

サケの上に野菜などを乗せ、蒸し焼きにする

5 火が通ったら蓋をとり、サケの身をザックリとほぐしながら野菜と混ぜる。

キャベツは必須だけど、
他の野菜はなくても大丈夫。
たっぷり野菜がとれる料理は
家庭にもウレシイ。

蒸し器のいらない野菜蒸し

短時間、高温で仕上げる"蒸す"という調理法は、潤いを保ちつつ旨みを凝縮できる優れた調理法だ。

●材料（3人前）

切り身（この場合は生サケ）…… 3切れ

A	キャベツ	4分の1玉
	タマネギ	2分の1個
	ピーマン	1個
	ニンジン	1本
	エノキ	2分の1把
	シメジ	2分の1把
	長ネギ	2分の1本

サラダ油…………少々
コショウ…………少々
塩…………ひとつまみ

この魚でも旨い！
カツオやマグロのように加熱して固くバサつかない魚であればいい。

上にのせた野菜がしなっとしたら、魚の身に火が通りきった合図だ。その瞬間に火からおろせば、絶妙の蒸し加減。

1 Aの野菜を粗く切る。ただし、キャベツ、タマネギ、ピーマンなどは短冊状に切る。

2 コショウと塩を切り身にまぶす。

3 アルミホイルで舟を作り、中に1の3分の2を敷き、切り身をのせる。さらに1の残りをのせ、サラダ油を回しかける。

アルミホイルを舟型にし、中に素材を入れていく

4 フライパンに1㎝ほど水を入れて沸かす。沸いた湯の中に3を浮かべ、蓋をする。野菜がしんなりするまで中火で10分～15分ほど蒸す。

水がなくならないように注意しつつ蒸す

5 火が通ったらアルミホイルごと皿にとり、真ん中からアルミホイルを破って取り去る。

サバすき

九州から能登半島にかけての、漁師の浜料理だ。
煮えばなを食べる“煮食い”の旨さは、煮つけとはまた一味違う。

●材料（1人前）

マサバ……………………… 半身
長ネギ……………………… 1本
青唐がらし………………… 1本
酒…………………………… 180cc
醤油………………………… 60cc
砂糖………………………… 大さじ2

この魚でも旨い！
白身のほか、サワラや脂の乗ったマグロによく合う。

1 サバを厚めに切る。青唐がらしを半分に切る。

2 鍋に酒を入れて沸騰させた後、醤油と砂糖を加える。すき焼きの割下程度の甘さに。再度沸騰したら青唐がらしを入れ、好みの辛さになったら引き上げる。

味をみながら醤油と砂糖の量を調整する

3 斜めに切った長ネギ、次にサバを入れ、火が通ったものから食べる。

煮えたものから小皿に取り、食べる

冬にふうふう言いながら
食べるサバすきは最高。
体を温めるためにも、
青唐がらしは欠かせない。

棒サンマ

**この料理は脂の乗っていないサンマほど旨い。
骨からかじりとる身の旨さは、身だけの酢締めとはまた別格だ。**

●材料（3人前）

サンマ………………………3尾
塩……………………………軽くひとつかみ
酢……………………………1カップ

1で切り取った腹部分は、
腹ワタを外して塩焼きにしよう。
自分の脂でパリッと焼けて香ばしい。

1 腹を上にして肛門の後ろから包丁を入れ、背骨に沿って内臓ごと削り取る。

頭に届くまで包丁を入れる

2 頭を背中側に折り、尾のほうに引くと同時に皮もむける。腹の部分は内臓を取り除き、塩焼きにして食べる。

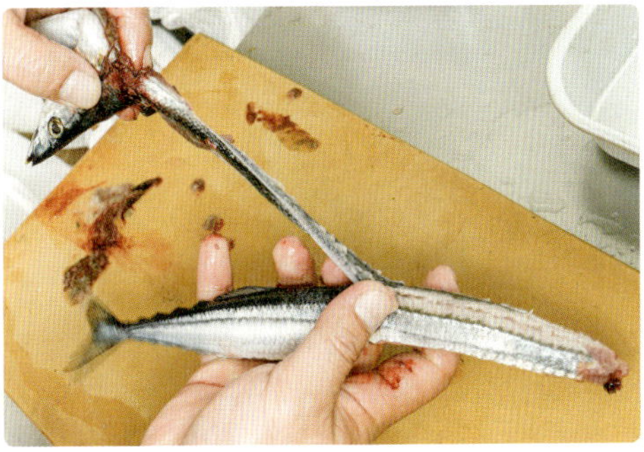

鮮度がよいとスルリと向ける

3 塩をまぶして1時間ほど冷蔵庫に置き、その後流水で洗い流す。

4 3をぶつ切りにし、酢に30分ほど漬ける。

酢が回るように、ときどきかき回す

アサリの“ほうかし”

売り物にならない小さいアサリで作っていた漁師の家庭料理。これを飯にぶっかけたものが、今の深川飯の原型だ。

●材料（3人前）

アサリ……………………30個ほど
味噌………………………ひとにぎり
醤油………………………適量
長ネギ……………………少々

この魚でも旨い！
シジミやハマグリでもいいけど、ちょっと高いかな？

1 鍋にアサリを入れ、アサリの上2cmほどまで水を注ぐ。

水とアサリは、ほぼ同量

2 アクをとりつつ、アサリが口を開くまで中火で煮る。

3 火が通ったら弱火にし、薄めに味噌を溶き、醤油で味をととのえる。椀に盛り、きざんだネギをのせる。

弱火にしてから味噌を入れる

神奈川では“ほうかし”、千葉のほうでは“ふうかし”と呼んでいる。汁とアサリが同量の味噌汁の迫力を、たまには味わってほしい。

アサリのチヂミ

1枚のどこを食っても、アサリの滋味にあふれている。
横須賀のアサリ漁師の家庭料理だ。

●材料（3人前）

	アサリ	30個ほど
	万能ネギ	1束
	酒	180cc
	薄力粉	適量
	サラダ油	少々
A	醤油	少々
A	ミリン	少々
A	ゴマ油	少々

この魚でも旨い！
シラスや小エビでやっても、いい味が出るよ。

1 アサリを酒蒸しにし、蒸しあがったら身を殻から外して殻は捨てる。

殻を捨て、汁を冷ます

2 ネギを粗く切る。**1**が冷めたら、汁の2倍ほどの量の薄力粉を加え混ぜ、ネギを加えてさらに混ぜる。

お好み焼きのタネよりも少し
ゆるい程度にする

3 フライパンにサラダ油を熱し、**2**の両面を中火で5〜10分ほどこんがり焼く。格子に切り、Aのタレを添える。

ゴマ油で焼くと
より韓国風になるけれど、
あえてサラダ油を使う。
アサリの味を楽しみたいからね。

ホタテ貝のバラし焼き

**ホタテを丸ごと焼くと、けっこう時間がかかるもの。
バラして焼けば、早く、部位ごとの味の違いが楽しめる。**

●材料（3人前）

ホタテ…………………………3枚
酒………………………………45cc
長ネギ…………………………5分の1本
ポン酢…………………………適量
一味か七味唐がらし…………適量

この魚でも旨い！
ホッキ、タイラギ、ミル貝なども同様にバラして焼けばよい。

ホタテには醤油よりポン酢。
味噌で焼いて、
白い飯と食うのも旨い！

1 開いた口から殻に沿うようにシャモジを差し込み、貝柱を切り、身を取り出す。内臓の黒い部分をちぎりとり、流水で洗う。

内臓の黒い部分は捨てること

2 ザルでホタテの水気を切り、ぶつ切りにする。殻にのせ、酒を垂らす。グリルかオーブンに入れ、5分ほど焼く。その間にネギを輪切りにする。

ホタテをぶつ切りにし、貝殻にのせる

3 貝殻の中の酒がなくなったら、ホタテをグリル（オーブン）から取り出してポン酢をかけ、ネギと、好みで一味か七味唐がらしを振る。

チダイの酢〆

**小さいチダイは、おろすのがちょっとだけ難しい。
けれど、包丁さばきのいい練習になるし、
晩酌の友としても気が利いている。**

●材料（3人前）

チダイ	5尾	酢	適量
キュウリ	2分の1本	炒りゴマ	少々
塩	軽くひとつかみ		

この魚でも旨い！
カマス、小アジ、シログチなど、白身の小魚で作るのが粋な味。

酢〆の時間は、皮がやわらなくなる程度が目安だ。

1 チダイのウロコを包丁の刃先もしくは刃元でていねいに落としていく。

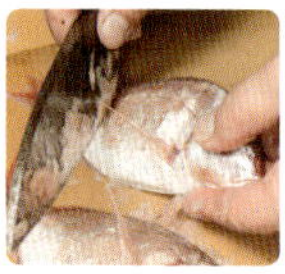

ヒレぎわなど細かい場所も忘れずに

2 頭を落とし、ワタを抜き、流水と歯ブラシでよく洗う。水を拭いて3枚におろす。骨につく肉ができるだけ少なくなるように修練しよう。

3 手に塩をつけ、身の両面を軽くたたいて塩をつける。ボウルの側面にはりつけ、30分ほど置く。

濡らした手に塩をつけ、表面を軽くたたいていく

ボウルの側面に並べ、しばらく放置。やがて水が出てくる

4 ボウルに半量の水で割った酢（酢水）を注いで身を洗う。いったん酢を捨て、再度ひたひたの酢に20分ほど漬ける。

酢水で洗うと生臭みがとれる

5 酢からあげてキッチンペーパーで拭き、血合いの小骨をとったら細く切り、盛りつける。薄く切ったキュウリを塩もみして水で塩抜きしてしぼり、炒りゴマを和えたものを添える。

ワカサギの唐揚げ

大ぶりのワカサギは唐揚げが旨い。手間がかかる印象がある唐揚げも、小さいフライパンを使い「動線」を工夫すれば、手早くできる。

●材料（3人前）

大ぶりのワカサギ………20尾ほど
片栗粉……………………適量
サラダ油…………………適量
塩…………………………適量
A ┌酢……………………少々
　 └醤油…………………少々

この魚でも旨い！
骨ごと食べられる小魚と言えば、シシャモもいい。

揚げ物の音は、内部から出た水分が油と反応する音。火が通り、水分が出なくなると音が小さくなる。

1 ワカサギを２度水洗いし、10分ほど塩水に入れて身を締める。その後ザルにあげ、水をよく切ったらボウルに入れる。上から片栗粉を振りかけ、ボウルごとゆする。

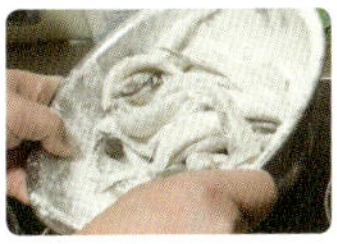

ボウルごと大きくゆすることで、綺麗に無駄なく粉がつく

2 別のボウル全体に新聞紙・キッチンペーパーの順に重ねて押しつけ、油を切る準備をする（P.85参照）。スムーズな作業のために、ワカサギ・フライパン・ボウルの「動線」を作る。

右からワカサギ・フライパン・油を切るボウル

3 直径20㎝ほどのフライパンに、１㎝ほどの深さになるまで油を入れ、中火にかける。油に木の箸を入れ、気泡が上がると適温の170℃くらいなので、ワカサギを入れる。

4 途中で油が足りなくなったら、順次足す。５分ほどで、油の音が小さくなってきたら火が通った合図。**2**のボウルに縦に並べ、油を切る。Aの酢醤油で食べる。

マダラの湯煮 和・洋・中

**写真手前から和・洋・中。3種類の味で楽しめる。
煮るときに、湯を沸騰させないこと、これが味を水中に逃さない湯煮のコツだ。**

●材料（3皿分）

マダラの切り身……………… 3切れ
塩………………………………少々
酒………………………………大さじ2杯

A
- ポン酢……………………少々
- 七味唐がらし……………好みで
- 輪切りの長ネギ…………ひとつかみ

B
- バター……………………ひとかけ
- 醤油………………………少々
- カイワレ…………………少々
- 黒コショウ………………少々

C
- ゴマ油……………………少々
- 醤油………………………少々
- 豆板醤……………………好みで適量
- 白髪ネギ…………………少々
- おろしショウガ…………少々

この魚でも旨い！
サワラ、メダイ、マダイ、キンメダイ、カレイ等、白身の切り身ならなんでもよい。

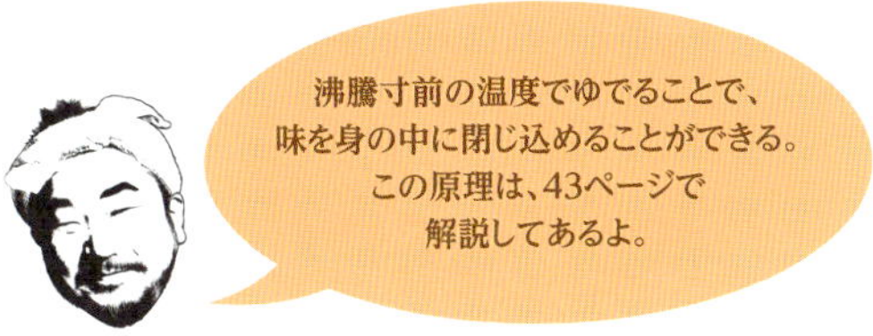

沸騰寸前の温度でゆでることで、
味を身の中に閉じ込めることができる。
この原理は、43ページで
解説してあるよ。

1 切り身を、すばやく流水で洗い、水分をよく拭き取る。薄塩を身の全体に当てて、5分ほど置く。鍋に酒を加えた湯を沸かす。

2 鍋に切り身を入れて湯が沸騰しないよう火加減しつつ、静かにゆでる。1～2分後、箸で挟んだときに身がほぐれるようになったらゆで上がり。

沸騰すると、味が水中に逃げるため火加減に注意

表面の繊維が割れるようになったら火が通った証拠だ

3 それぞれの皿に移し、和風はA、洋風はB、中華風はCの素材で味をととのえる。

メカジキのコクうま中華焼

**メカジキをフライパンで中華風に焼き上げる一品。
お手軽だけど、ゴマ油で焦がしたネギの香りがかぐわしい。**

●材料（1人前）

メカジキの切り身		1切れ
長ネギ（Aとは別）		2分の1本
A	長ネギ	2分の1本
	ニンニク	半片
	ショウガ	ひとかけ
ゴマ油		大さじ1
酒		90cc
醤油		大さじ1
ミリン		適量
豆板醤		好みで少々

この魚でも旨い！
ブリ、メダイ、サワラ、マグロの筋が多い部分を使ってもおいしいオカズとなる。

1 Aの材料をきざむ。ショウガはあまり皮を切らず、泥のついているところだけを削る。フライパンに入れ、ゴマ油を加えて中火で炒める。

ゴマ油はたっぷり使うのがコツ

2 香りが立ったらメカジキを入れる。中火のまま、両面を焼く。焼け目がついたら酒を入れ、蓋をする。中火で1分間ほど蒸す。ネギを細く切り、冷水にさらして白髪ネギにしておく。

火が強いとネギが焦げるので注意

3 蓋を取り、醤油とミリンを加える。強めの中火にし、好みで豆板醤を加える。

4 焦げないように2～3回裏返し、フライパンを揺すりながら、タレを身にかけつつ煮詰めていく。十分に煮詰まったら皿に移し、煮汁をかける。白髪ネギを添える。

タレを繰り返しかけつつ両面を焼く

焼くときのコツはタレを繰り返しかけること。これは照り焼き系の料理に共通だよ。

ヒラメのコブ締め

昆布は2枚も必要ない。片面だけで十分うまい。
短時間だからコブ臭くならず、魚の甘みが引き立つ。

●材料(2人前)

ヒラメの切り身…… 1サク
昆布…………………… 1枚
酢……………………… 適量
塩…………………… ひとつまみ
わさび……………… 好みで適量

この魚でも旨い!
タイやアイナメなどの白身、青ザカナでも色々試してみよう。

1 ヒラメの切り身をそぎ切りにする。

2 ボウルの上で、昆布の片方の表面に酢を流し、拭いておく。昆布がやわらかくなったら、平らな台の上でラップを敷き、酢を流した面を上にして置く。

昆布の表面の粘りを抑えるために酢で洗っておく

3 昆布の上にヒラメを並べる。濡らした手に塩をひとつまみつけ、ぽんぽんとたたくようにヒラメにつける。その上から、キッチンペーパーを1枚かぶせる。

ヒラメの片面だけが昆布に触れる

4 ラップで包み、上に皿などで重しをかけ、10分寝かせる。わさびを添える。

今回は浅漬けだけど、
そのまま一晩おくと古漬けになる。
こっちは和がらしを添えて
酒の肴に最高だ。

ブリの長崎流塩煮

ブリが血なまぐさいなんて誤解だよ。きっちり塩をしてから
一気に炊いてアクをとれば、力強いブリの本当の味がわかるはず。

●**材料（3人前）**

ブリの切り身……………３切れ
ジャガイモ………………２個
タマネギ…………………２個
小松菜……………………一把
塩…………………………ひとつかみ
酒…………………………大さじ１
醤油………………………好みで適量

この魚でも旨い！
カサゴやメバル、タイなど、筋の多い魚ならなんでも旨い。青ザカナでもできるマルチな料理だね。

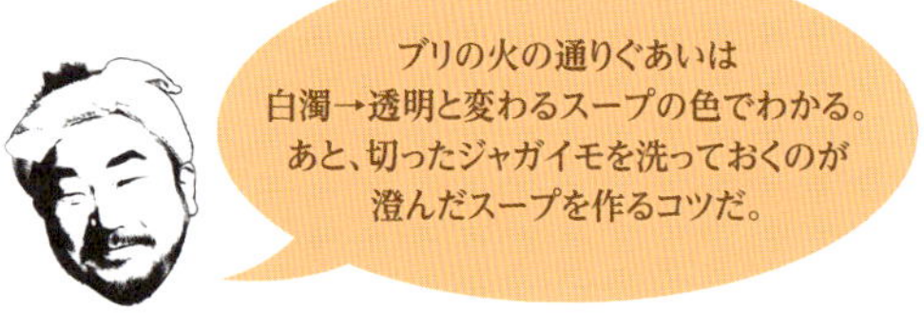

ブリの火の通りぐあいは
白濁→透明と変わるスープの色でわかる。
あと、切ったジャガイモを洗っておくのが
澄んだスープを作るコツだ。

1 流水でブリの切り身を洗い、すぐに拭く。ぶつ切りにし、塩をまぶしてザルにあげ、30分ほど置く。

塩でブリの臭みを取り除き、旨みを濃縮する

2 ジャガイモは皮をむいて一口大に切り、水洗いする。タマネギをタテ半割りにし、５mmほどのくし切りにする。深めの鍋に水を張り、ジャガイモを入れて中火とする。

3 ジャガイモに箸が通るようになったら、強めの中火にし、水洗いした**1**と酒を入れる。やがて白いアクが出るので、取り除く。

ブリに火が通るとスープが澄んでくる。アクを取ることを忘れずに

4 スープが澄んできたら弱火にし、ザク切りにした小松菜とタマネギを入れ、タマネギに透明感が出たら完成。好みで醤油で味をととのえてもよい。

カレイのスピード煮つけ

**5分でできる時短の煮つけ。
魚の煮つけがうまくいかない、というアナタへ。**

●材料（2人前）

カレイの切り身	2切れ
酒	180cc
A 醤油	大さじ2
A ミリン	少々
A 砂糖	大さじ1
和がらし	好みで適量
白髪ネギ	少々

この魚でも旨い！
加熱して身がパサつかない魚ならなんでもできる。

1 蓋つきのフライパンに酒を入れ、沸騰させる。カレイの切り身に飾り包丁を入れる。

2 酒が沸騰したら切り身を入れ、蓋をする。中火で3～5分ほどで火が通る。

身が浮いて骨が見えたら火が通ったサイン

3 火が通ったら弱火にし、Aを入れる。身に汁をかけつつ2、3分ほど煮詰めていく。和がらし、白髪ネギを添える。

こまめに汁をかけ、味を染み込ませていく

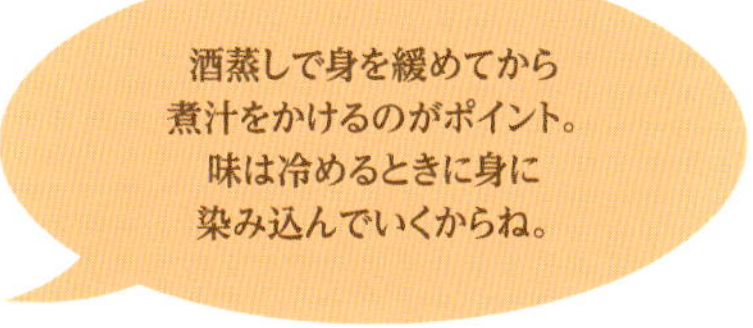

酒蒸しで身を緩めてから
煮汁をかけるのがポイント。
味は冷めるときに身に
染み込んでいくからね。

茶ぶりナマコ飯

**身から“このわた”までナマコを一匹まるごと使う、贅沢なご飯だ。
熱い番茶にひたす“茶ぶり”の技法で、柔らかくしたナマコの歯ごたえが優しい。**

●材料（3人前）

ナマコ……………………… 3匹
ご飯………………………… 2合
番茶………………………… ひとつかみ
酢…………………………… 180cc
醤油………………………… 適量
ポン酢……………………… 好みで適量

この魚でも旨い！
酢醤油に漬け込んだホヤ、ショウガ醤油に漬けたイカでも旨い。この場合はもちろん茶ぶりは不要。

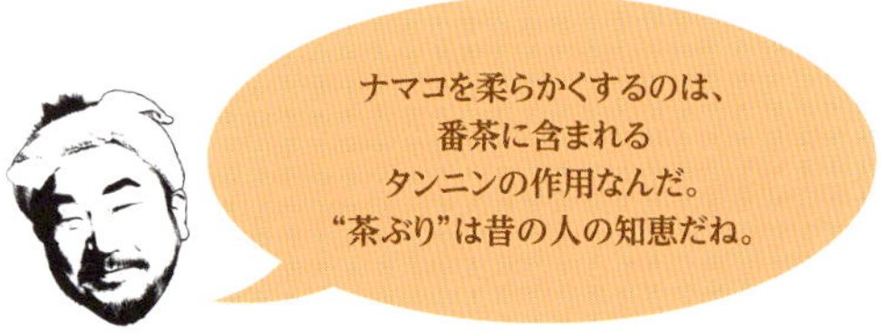

ナマコを柔らかくするのは、
番茶に含まれる
タンニンの作用なんだ。
“茶ぶり”は昔の人の知恵だね。

1 ナマコの頭とお尻を落とす。腹から包丁を入れて“このわた”を取り出し、水洗いする。

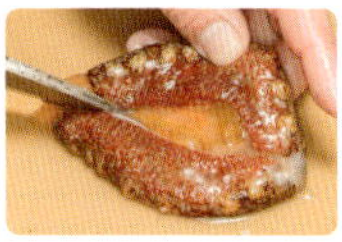

オレンジ色の“このわた”。泥が入っている場合も多いので絞り出すように水で洗う

2 鍋に煮出した熱い番茶にナマコの身を浸し、冷めるまで置く。

番茶に漬ける“茶ぶり”。ナマコがやわらかくなる

3 取り出したナマコをぶつ切りにし、ボウルに入れる。ひたひたになるまで酢醤油を入れて20分ほど漬ける。味が薄ければ醤油を足す。

4 別のボウルに固めに炊いたご飯を入れ、汁を切った**3**と細かく切ったこのわたを混ぜる。香りづけにポン酢を少量加えてもよい。

アンコウのどぶ汁

**寒風に吹かれ、漁師は浜でアンコウをこうして食べる。
アンコウの全身を純粋に楽しめる冬の料理だ。**

●材料（3人前）

アンコウ…………………… 1パック（約500g）
大根………………………… 2分の1本
長ネギ……………………… 1本分
酒………………………… 180cc
味噌……………………… 大さじ2

この魚でも旨い！
タラなど、冬の白身で身がしっかりしている魚がいい。

1 水洗いしたアンコウの身を食べやすい大きさに切る。フライパンに入れ、水気が出てくるまで中火で乾炒りする。キモがあれば、細かく切って加える。

乾炒りすると、身から水分が出てくる

2 5分ほどで身に火が通ったら、酒を入れて煮る。泡状のアクが出るので、すくいとる。

泡のようなアクをすくう

3 アクが少なくなったら火を弱め、大根を厚めのイチョウ切りにし加え、火が通ったら、味噌を入れる。水分が足りなくなったら、水を足してよい。

4 大根が色づいたら、長ネギの青い部分も一緒に粗く切って入れる。ネギがくたっとしたら完成。

ネギは完成直前に入れる

長ネギは、甘みの白と香りの青、
と覚えておこう。
どぶ汁は、青いところが効いている。

カキの野菜蒸し

カキはひとり１個でも大丈夫。カキのエキスで野菜が大量に食べられる、体にも財布にも優しい一品だ。

●材料（3人前）

	カキ	１パック（約500g）
	長ネギ	２分の１本
	酒	適量
A	エノキ	２分の１パック
A	シメジ	２分の１パック
A	ニンジン	１本
A	タマネギ	２分の１個
B	味噌（あれば麦味噌）	大さじ１
B	ミリン	適量
B	七味唐がらし	適量

この魚でも旨い！
ハマグリ、アサリ……加熱してエキスが出るものならなんでもいいんだ。

カキは、酒を吸わせると
膨らんでエグ味が消える。
酒臭くはならないのが不思議だね。

1 カキをザルに入れ、かき回すように流水で洗ってヒダの間についている汚れを、よく落とす。水をよく切り、ボウルにとって酒を振りかける。

カキが酒を吸い、膨らんでくる

2 ネギを５㎜の厚さに輪切りにし、ボウルの中でＢと混ぜてタレを作る。若干甘めにする。

3 Ａの材料を粗く切り、混ぜ合わせたものをフライパンに敷き詰める。その上にカキを並べ、２を散らす。

フライパンに野菜とカキを並べる

4 蓋をして、弱めの中火にかける。野菜がしんなりしたら完成。

カキから出たエキスで野菜も蒸し上がる

マグロの可能性を探る

手前から基本の塩マグロ、
和の絞めマグロ、洋風、中華風。
「マグロ=刺身=醤油とワサビ」
の方程式からの脱却だ。
見よ、この輝きを。

塩マグロの和・洋・中

"塩マグロ"をベースに、マグロが三段変化する４品だ。
手前から、塩マグロ、和風、洋風、中華風になっている。

●材料（3人前）

マグロ……………………………２サク
塩…………………………………ひとにぎり
わさび……………………………適量
酢…………………………………180cc

A
- タマネギの薄切り………少々
- 黒コショウ………………少々
- オリーブ油………………少々
- レモン……………………少々

B
- 白髪ネギ…………………少々
- 豆板醤……………………少々
- ゴマ油……………………少々
- ショウガの千切り………少々

この魚でも旨い！
これは魚の塩〆という、ひとつのジャンルだ。刺身で食べられる鮮度ならどの魚にも応用できる。

あっという間の和洋中。
調味の"しくみ"で覚えると便利なのだ。

1 サクのマグロに塩を当て、10分ほど置く。流水で洗い、２つずつに切り分ける。

ひとにぎりの塩を当てて寝かせておく

2 塩マグロは切り分けてわさびだけで食べる。和風は塩マグロを30分ほど酢に漬けてから切り分けてわさび醤油で食べるのがよい。

3 塩マグロを薄く切った身にA、Bを和えると、それぞれ洋風、中華風になる。

ボウルの中でそれぞれの調味料と和える

マグロのすまし汁

**マグロのダシには、他の魚にはない独特の透明感とすがすがしい味がある。
冷蔵庫で冷やして飯にかけてもいい。**

●材料（3人前）

マグロ……………………… 1サク
長ネギ（青い部分）……… 1本分
万能ネギ…………………… 少々
塩…………………………… ひとにぎり
薄口醤油…………………… 少々

この魚でも旨い！
加熱に向いていれば、どの魚でも固有のダシが出る。試す価値はあるな。

1 サクのマグロを一口大に切り、塩を当ててザルに上げて30分ほど置く。塩は落とさない。

2 鍋に2リットルほどの湯を沸かし、1と長ネギを投入。

ネギの青い部分はアクを吸う。香りもよい

3 中火でアクをとりつつ煮る。やがて、スープが澄んできたら弱火にし、長ネギを取り出し、醤油で味をととのえる。椀に注ぎ、刻んだ万能ネギを散らす。

アクが出、身の中まで火が通るとスープが澄んでくる

最初にスープが濁るのは、
水溶性タンパク質が塩と熱によって
身から溶け出しているから。
それが澄んだ時こそ、
中心まで火が通った瞬間だ。

マグロの天ぷら

刺身に向かない筋だらけの部分は天ぷらにしてごらん。
びっちり豊かなコラーゲン質は冷めてもおいしく、弁当にも最高。

●材料（3人前）

マグロ………………………… 1サク
天ぷら粉……………………… 適量
サラダ油……………………… 適量
A ┌すりおろしニンニク…… 適量
　 └醤油………………………… 適量

この魚でも旨い！
身が大きい魚の、筋が入ったところがいい。そういう部分は安いしね。

1 サクのマグロをそぎ切りにする。天ぷら粉を、箸の軌跡が残る程度に硬めに溶き、マグロを入れる。

衣は硬めにする

2 鍋に1㎝ほど油を入れて加熱する。菜箸を入れてサーッと泡が出る170℃前後で、1を入れる。両面を揚げる。

音に注意しつつ両面を揚げる

3 音が静かになったら、中心まで火が通った証拠。新聞紙の上にキッチンペーパーを敷いたボウルに入れて油を切る（P.85参照）。Aのニンニク醤油で食べる。

濃厚な味の天ぷらだから、
こいつは塩や天つゆよりも
ニンニク醤油で決まり。

魚とフルーツとの相性を楽しむ

かつての甘さの標準は
柿のそれであったという。
酸味と香味が加われば、
むろんそれは、魚にも合う。
試す価値あり。

リンゴと〆サバのカナッペ

**魚によって、調和する果物は違う。
〆サバには、リンゴ。**

●材料（3人前）

サバ……………………………半身
リンゴ…………………………１個
タマネギ………………………１個
クラッカー……………………適量
塩………………………………ひとつかみ
酢………………………………90cc
粗挽きコショウ………………少々

この魚でも旨い！
スモークサーモンもいいが、サバにはかなわない。スモークサーモンを使うなら、グレープフルーツの方が合う。

1の塩の当て方を「紙塩」という。
いろんな料理に応用がきくので
覚えておこう。

1 サバをキッチンペーパーで包み、水でしめらせる。塩を全体にまぶし、１時間ほど置く。

キッチンペーパーの上から塩をまぶすことで、臭みが吸い出され、まんべんなく塩が入る

2 1のペーパーをとって皿に出し、酢を振りかけ、新しいキッチンペーパーをかぶせる。〆加減は好みで30分～１時間ほど。タマネギを薄切りにし、水にさらす。

ペーパーが密着しまんべんなく酢が染み込む

3 ペーパーをとってサバの小骨を取り、５㎜ほどの厚さにそぎ切る。クラッカーに薄切りにしたリンゴ・サバ・水気を切ったタマネギの順にのせ、粗挽きコショウを振る。のせるものは、いずれも水気をよく拭いておく。

マグロとマーマレードのサンドイッチ

**焼いたマグロにはマーマレードがよく合う。
柑橘系の酸味がある、甘すぎないものを選ぶとよい。**

●材料（1人前）

マグロ……………………… 1サク
食パン……………………… 2枚（8ツ切り）
小麦粉……………………… 少々
サラダ油…………………… 少々
タマネギ…………………… 2分の1個
A ┌塩……………………… 少々
　 └コショウ……………… 少々
B ┌マーマレード………… 少々
　 └和がらし……………… 少々

この魚でも旨い！
大きな切り身がとれる魚ならなんでもいい。それぞれの魚に合う果物の味を探してみよう。

食パンの片面だけを
カリカリに焼くのが、
切っても形がくずれないコツだ。

1 サクのマグロを半分の厚さに薄くそぎ切る。Aを当ててから小麦粉を薄くつける。

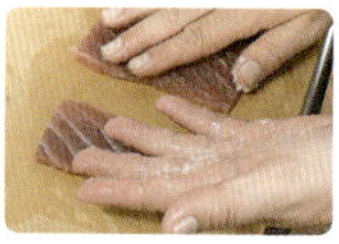

塩は手につけ、サクを軽くたたく

2 フライパンにサラダ油を熱し、中火で火が通るまで1の両面を焼く。焼きあがったら、キッチンペーパーで油を拭き、2枚の食パンの片面だけを焼く。

片面だけを焼く

3 食パンの焼いていない面にBを塗り、焼いたマグロと薄く切ったタマネギをのせ、もう1枚の食パンの焼いていない面ではさむ。上からまな板などでギュッと押しつけ、食べやすい形に切る。

押しつけてから切ると、バラバラになりにくい

イワシのパン粉焼き

**魚だって肉なのだから、必ず相性のいい果物が存在するはずだ。
なぜなら、砂糖がない時代の甘味は果物由来だったから。**

●材料（2人前）

マイワシ…………………３尾
干しブドウ………………ひとつかみ
ニンニク…………………ひとかけ
パセリ……………………少々
パン粉……………………適量
オリーブ油………………大さじ１
塩…………………………少々

この魚でも旨い！
小さい青魚ならばイケるけれど、果物との相性は要チェックだ。サンマなら干しブドウもOK。

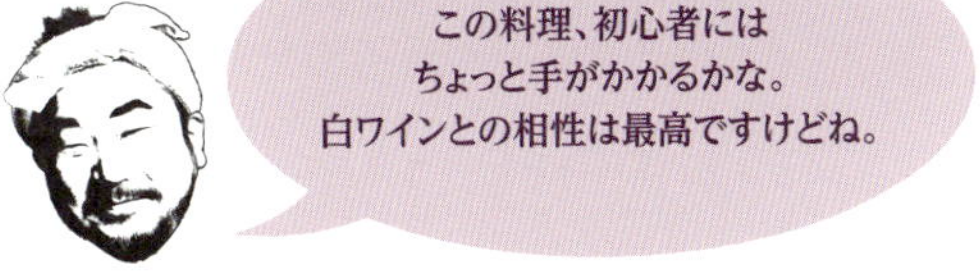

この料理、初心者には
ちょっと手がかかるかな。
白ワインとの相性は最高ですけどね。

1 干しブドウを30分ほどぬるま湯に漬けて戻す。

2 ニンニク、パセリをみじん切りにし、パン粉、オリーブ油と混ぜる。

3 手開き（P.33参照）にしたイワシを半身に切り、軽く塩を当てる。**1** の半量を耐熱皿に敷き、イワシをのせる。その上から残りの半量を振りかける。

イワシの上にさらに半量の **1** をのせていく

4 **3** にアルミホイルの蓋をのせ、グリルの弱火で20分ほど加熱する。その後、アルミホイルを取ってさらに10分ほど加熱する。オーブントースターのほうが焼きやすい。

アルミホイルを被せてグリルに入れる

上田勝彦　Katsuhiko Ueda

（株）ウエカツ水産代表取締役、東京海洋大学客員教授。
1964年島根県出雲市生まれ。
長崎大学水産学部卒業後、漁師から水産庁勤務を経て2015年より現職。
水産庁在職時より、魚の鮮度保持技術、地域加工品の開発、食育関連の依頼を受け始め、「食は国なり」と位置づけ、島国にとって不可欠である日本の魚食復興に奔走。トークと料理で魚の魅力を伝える"魚の伝道士"。
日本各地で漁業・魚食の技術を伝えるほか、「あさイチ！」「うまい！」「キッチンが走る」、「ソロモン流」、「林修の今でしょ講座」等のテレビ出演や、雑誌、ラジオなどのメディアを通じて日本人が魚を食べる意味や食べ方、その重要性を発信し続けている。
著書に『魚の旬カレンダー』（宝島社）ほか。

編集	岡本知之（東京書籍）、佐藤 喬
デザイン・DTP	木村祐一（株式会社ゼロメガ）
撮影	渕本智信
魚写真提供	（財）水産物市場改善協会 おさかな普及センター資料館 水産総合研究センター（FRA）
撮影協力	北山智映、森田釣竿
企画協力	西垣成雄、宮崎守正

ウエカツの
目からウロコの魚料理

2014年 2月28日　第1刷発行
2020年 7月15日　第8刷発行

著　者　上田勝彦
発行者　千石雅仁
発行所　東京書籍株式会社
東京都北区堀船2-17-1　〒114-8524
電話：03-5390-7531（営業）／03-5390-7515（編集）
印刷・製本　図書印刷株式会社

ISBN978-4-487-80758-1　C2077